近くの人が近くの人を助ける防災隣組

近《きん》助《じょ》の精神

防災・危機管理アドバイザー　山村 武彦 著

一般社団法人 金融財政事情研究会

はじめに

「三つの敵」

人類共通の敵は三つの災害です。一つは自然災害、二つ目がいじめ自殺、飢餓、貧困、人災を含む社会災害、そして三つ目は紛争（戦争）災害です。

どれほど堤防を高くしても、それを壊し、乗り越え、押し流す洪水や津波がやって来ます。どんなに強靭な建物や設備も経年劣化し、それを壊す大地震、台風、洪水、土砂災害、突風・竜巻が襲います。「自然災害」はいつ、どこで発生しても不思議ではありません。それを証明したのが東日本大震災（平成23年東北地方太平洋沖地震）です。そして、大津波で多数の犠牲者を出し、忌わしくも恐ろしい原発事故が引き起こされました。地震、津波いずれも自然の現象ですが対応を誤ると大災害に発展します。地球温暖化などで自然災害は増加傾向にあります。自然災害そのものをなくすことはできませんが、被害を少なくすることはできます。すべての災害に対し、絶対完璧という対策や即効性の特効薬はありませんが、その成否のすべてのカギは「人」が握っているのです。

恐ろしいのは自然災害だけではありません。日本だけでも毎年自然災害の数倍もの犠牲者を出す深刻な災害があります。いじめを苦にした自殺を含め自殺者が毎年3万人に上り、無縁死（行旅人死亡者・身元不明の死者）は年間3万2０００人に及び、孤立死（発見まで死後4日以上）は65歳以上だけで約1万5０００人に達しています。私はそれを「社会災害」と名付けました。つまり、貧困や人災を含む社会災害で毎年約7万7０００人以上の犠牲者を出しているのです。さらに恐ろしいのは、この異常事態を異常と認識しない社会であり「人」です。これほどの異常を災害とみなさず、政府は非常事態宣言はおろか災害対策本部すら設置していないのです。異常と認めた瞬間、何かしなければなりませんが、正常の範囲としているうちは何もしなくてもいいからです。水を張った鍋に入れられたカエルに似ています。加熱されリスクが高まっているのに「まだ大丈夫だろう、まだ正常の範囲だろう」と思っているうちにゆでガエルになってしまうのです。国、自治体、企業など日本全体がこの「正常性バイアス」に陥っているのです。不都合な真実に目を向けない社会ほどおそろしいものはありません。

無縁社会、孤立社会、格差社会という社会災害を引き起こしている元凶は、はき違えた自由主義・利己主義、モラル喪失、過度の経済優先主義によるゆがみがさらなる格差社会を生み出すという負のスパイラルにあります。あわせて少子高齢化、財政危機による国家や自治体の機能不全にも要因があると思われます。そうした社会背景を助長したのが人と人との関係性の希薄化、ほどけてしまった人と人の結び目にあるのではないでしょうか？　長期的には社会の誤りを是正し、ねじれたゆがみを解消するために国の仕組みを変える地道な努力が必要です。しかし、それを待っていられないほど事態は切迫しています。一刻も早くできることから始めなければ、さらに負のスパイラルが進行する危険性があります。われわれにいますぐにできることは、全うすべき「いのち」を災害なんかで途切れないようにすることです。そのために人と人、人と地域、人と社会、それぞれのほどけた結び目をとりあえず結び直し、温もりのある隣保組織と共同体を構築することです。

特にそのコア（中核）となるのが隣組などの近隣共同体です。この隣組は国ごとに時代、社会、人の変遷とともに定義や目的が大きく変わってきました。中国では秦の始皇帝（紀元前259～210年）以前から、現在の隣組や郷村の原型となる共同体がつくられていました。当時5戸（世帯）を以って隣（りん）といい、5隣を里（り）と呼ぶ行政単位の一つでもあります。それが時代を経て生活保障や隣保共助の意味が含まれる五保の制になっていきます。日本には古代律令制の時代に中国から伝わってきて、飛鳥時代（592～710年）の「五保」、江戸時代の「五人組」など、日本独自のものではないにしてもすでに1400年以上も引き継がれてきました。封建時代は徴税、相互監視、連帯責任など、時の権力者による強制管理機構でした。明治維新後、封建的側面はいくぶん払しょくされ、相互扶助、親睦、衛生管理、兵役義務推進などを目的とした、行政区を構成する町内会、部落会という隣組でした。しかし、昭和13年に国家総動員法制定以降、言論と物資の統制が強化され、隣組は戦意発揚、体力増進、食糧等物資配給、徴税事務、出征兵士留守宅支援、防空防火、救護等などを目的とする市町村の末端組織に組み込まれてしまいます。結果として隣保共助や助け合いなどより戦争遂行を支える隣組にされてしまったのです。こうした苦い経験を二度と繰り返さないためにもきちんと検証し、戦前、戦中の隣組を反面教師としなければなりません。いま求められる隣組は、国家や為政者の道具ではなく、強制され押しつけられることのない、自分たちが自分たちのために役立つ自由な真の共同体です。自然災害と社会災害を克服することを目的とする人と人を結び合うための共同体です。

いま必要なのは自分や家族のための最小共同体です。住んで楽しい街、隣近所の人たちと心が通い合う向こう三軒両隣の人たち。自分のことは自分で対応することが原則ですが、それでも困ったときはお互いさまで助け合い、支え合うことのできる隣組。死ぬまで住み続けたい街にするための隣組です。

災害列島とわかっていながら多数の犠牲者を出すことや、社会災害で毎年7万7000人もの犠牲者を出すことは日本人として恥ずかしいことです。そして日本はかつて残酷な戦争災害を経験しました。自国、他国の人命・財産を奪い奪われ、破壊し破壊されました。

こうした現在と未来の時間と暮らしを破壊する自然災害、社会災害、紛争（戦争）災害を防ぐためのキーワードは「人」です。信条、宗教、境界を越えて、近くの人が近くの人を助け、守る

「近助の精神」という古くて新しい減災概念を提案します。住みよい社会、ずっと住みたいまちづくりの一助になれば幸甚です。

2012年7月

山村武彦

目　次

第2章　防災隣組の先進事例

第3章　自然災害と想定外

第4章 隣保組織［隣組］の歴史

序章

ほどけた結び目

1 社会災害と非常事態宣言

2012年2月、東京都立川市のマンションで母と子の遺体が発見され、45歳の母親の死因は「くも膜下出血」と判断されました。この母親が病死した後、障がいのある4歳の男子が残され衰弱死したものとみられています。2人とも死後一週間以上経過していたそうです。その翌月には、先ほどのマンションから200メートルしか離れていない都立アパートで95歳と63歳の母娘が死後1カ月以上経って遺体で見つかりました。異変に気づいたのは同じアパートに住む人たちです。毎月の自治会費が支払われず、一階の郵便受けには郵便物がたまっていたことで、不審に思った住民が2月下旬に自治会長の男性を通じてアパートを管理する都住宅供給公社に相談します。公社からは職員が駆けつけますが、世帯が2人暮らしだったことなどから立ち入る状況ではないと判断したといいます。立川市は公社から3月2日に安否照会を受けますが、その母娘は介護サービスを利用しておらず、市では2人のことは把握していませんでした。市が動き出すのはそれから5日後の3月7日、民生委員(59)が高齢者の窓口となっている地域包括支援センターを訪れ「姿がみえない、何か情報が入っていないか」と尋ねたことがきっかけでした。公社、市、民生委員が室内に立ち入り、2人の遺体を見つけることになります。もっと早い時点で対応できていたら2人とも助かったかもしれないと悔やまれています。こうした孤立死は全国で頻繁に見受けられています。札幌市では1月、病死した姉（42）と、知的障がいをもつ妹（40）が見つかり、釧路市のアパートでは認知症の夫（84）と妻（72）が死亡しています。東京都都市整備局によると、「26万戸もの都営住宅で誰にもみとられずに死亡するケースが自殺も含めて年間約400件にのぼる」といっています。こうした孤立死や孤独死といわれる哀しい死は、よその国の話ではなく、日本全国各地で毎日起きていることなのです。公的機関が対応することも必要です。そして、当事者と周りの人間関係の問題もあると思います。しかし、一番の問題は人と人との結び目がほどけてしまっていることです。孤立死があった立川市の都立アパートに妻（82）と住む男性（88）は、同自治会が行った緊急アンケート紙の裏面に、明日は我が身として赤裸々な心境を綴っていました。

私は米寿を迎えまして、何のこともなく自治会、公社、市などの対応に感謝の日々を送っています。死に対しての覚悟はできている思いもありますが、なおこの生活が続くことを願う気持ちに変わりはありません。皆、親族があっても、離れて暮らしていればなかなか間に合いません。そこで地域の連帯が大切です。地震があって有名になった中越地方の（新潟県）山古志村に暮らしたことがあります。村中が親戚のようで戸締まりなどする人はありませんでした。「こんにちは」といってどこの家でも入っていって、ひまがあればお茶を飲んで話し込むといった風でした。あの地震のとき、被害が多かったのに死者がほとんど出なかった理由は、おのおのの集落の70人、100人という人の顔や名前まで全部の人が知っていたからだといわれています。そうした隣人関係があれば、いま、1人の人が死に直面しているとき、私のような者でも鍵を開けて1杯の水をくんでやる、そんなことができるかもしれません。

そして、

1人になって病気で倒れてもう駄目だと悟ったとき、1杯の水を、または医者に痛みを止める注射を打ってもらいたいと思いながら人に連絡できない場面を想像すると、何ともさみしい。

と、同じアパートで亡くなった2人に自分を重ね合わせ、切実な気持ちを率直に記していました。

立川市で連続して発生したアパートとマンションに行ってみました。都営アパートからマンションまでは歩いて数分の距離です。こじんまりした三階建マンションは国道沿いで、立川駅から徒歩で十分程度と利便性のよい場所にあります。マンション前の道路にはひっきりなしに車やバスが通り、商店街も近くにあるため人通りも多く比較的にぎやかな場所です。こんな都会の真ん中の人がたくさん住む町でも孤立死が発生したと思うと何ともやるせない思いが残ります。「都会の死角」そんな言葉が頭をよぎります。こういう孤立死は65歳以上だけでも全国で年間1万5000人を超えています。若い人を加えればさらに増えると思われます。人通りが多くても社会災害は人と人の結びつきが希薄な場所で発生します。

同じアパートやマンションに住んでいながら、隣の人は何をしている人か、どんな人が住んでいるのか知らない人が増えています。お隣同士、すれ違っても挨拶も交わさない人が半数にのぼるとの調査結果もあります。昔からあった、隣保共助、向こう三軒両隣の助け合いはどこに行ってしまったのでしょうか。いつからこうなってしまったのでしょうか。東日本大震災後、世界中から賞賛された日本人の礼節、助け合いの精神、あれは災害などの緊急時だけの姿なのでしょうか。いま、まさに孤独死・孤立死頻発という社会災害に襲われ、本来であれば政府が非常事態宣言を出さなければならない由々しき国家の一大事です。にもかかわらず適切で具体的な対応策がまったく打ち出されていないように見受けられます。であれば、国家や行政に頼るだけでなく自分たちにできることを自分たちで行動しなければならないと思います。

2　孤の時代（50歳男性の5人に1人が未婚）

国立社会保障・人口問題研究所編（２００８年）『日本の世帯数の将来推計（全国推計）』によると、現在の結婚や世帯形成の傾向が続けば「２０３０年における50代・60代の４人に１人が一人暮らしになる」としています。１９８５年～２００５年まで20年間の推移をみると、男性では50代以上、女性では80歳以上の年齢階層での単身世帯数が3倍以上に急増しています。特に80歳以上では男女ともに単身世帯が５～7倍、50～60代の男性でも4～5倍に増加しています。

こうした単身世帯増加の要因の一つに未婚者の増加があげられています。50歳になった時点で結婚経験のない人の割合を「生涯未婚率」と呼びますが、男性の生涯未婚率は１９２０年～８５年までは1～3パーセント程度で推移していたのですが、１９９０年になると6パーセントになり、２００５年には16パーセントにはねあがります。そして、政府の２０１２年版「子ども・子育て白書」によると、２０１０年時点で男性の生涯未婚率は20・14パーセント、女性は10・61パーセントとさらに増えていきます。つまり、以前は50歳の未婚率はごくわずかであったものが、いまや50歳男性の5人に1人が未婚者なのです。このままいけば２０３０年には男性の生涯未婚率は30パーセント、女性は25パーセントと予想されています。社会の形態が大きく変わろうとしています。

生涯未婚率の上昇はイコール単身世帯（一人暮らし）の増加を意味しています。当然、結婚するかしないかは個人の選択（価値観）の問題であり自由ですし、多様なライフスタイルを選べる時代です。というより一人暮らししやすい社会になったともいえるのかもしれません。その理由として、次のようなことが推測できます。

●女性の社会的地位や経済力が向上したことにより、結婚しなくても生活できる女性が増えた
●職場で未婚の人が増えたので未婚でいることの苦痛が少なくなった
●社会インフラが整備され、以前よりも一人暮らしの不自由さが減少している。料理が苦手でも、コンビニやファーストフードに行けばいつでも食事に困らない
●近くに人がいなくても携帯電話やスマホで気軽に話ができる。一人で楽しめるゲームやソフトやゲーセンもたくさんあって一人暮らしでも寂しくないし、さほど不自由さを感じない。

しかし、一人暮らしは気楽な半面、リスクも高くなります。たとえば病気やケガをして働けなくなったときに、配偶者がおらず支えてくれる人がいなければ収入が途絶え貧困に陥る危険性があります。それに誰でも高齢になれば、身体が不自由になり生活しにくくなります。このようなときに結婚していれば、たとえ老老であっても支え合うことができます。一人暮らしは地域や人との交流が乏しく社会的に孤立することも多くなります。前述の孤立死のように死後数日間気づ

かれなかったのは、その前の数日から数カ月の間に発生していた病死や餓死に至る問題を防げなかったということです。

自分のライフスタイルとして一人暮らしをしているのでしたら、その後のことについてもそれは自己責任としての覚悟があると思います。しかし、50歳で未婚の人のアンケートをみると、「未婚を積極的に望んだのではなく、いつのまにかこの歳になってしまった」とか、「結婚したかったが、よい相手に巡り合わなかった」などの理由が多く、未婚を選択したわけではないが、結婚できなかったからといって「別に結婚しなくても困らない」と強がりをいっている人もいます。

よい相手に巡り合わなかった人に、「結婚相手として望む条件が高すぎるのでは」と聞いてみると、一般常識からしてさほど高望みとは思えない条件を示しています。昔は個々の出会いのほかに、親戚や友人が紹介したり、お見合いなどで結婚相手を決めたケースもありましたが、最近は婚活《こんかつ》パーティーや紹介所で相手を見つける人も増えています。裏をかえすと、人と人との結び合いや付き合いが少なくなって、結婚したい人たちに親身になって結婚相手を探してくれる親戚や友人がいなくなったことが大きな要因となっているのです。それが生涯未婚率の増加につながり、結果として孤立死や孤独死の増加を招くという悪循環に陥っていきます。ここでもキーワードは「人」です。

さらに、結婚できない以前に自立できない若者も増えています。毎週日曜日に新宿の公園でホームレス支援ＮＰＯが炊き出しをしていますが、そこに毎週６００人ほどが列をつくっており、60代以上の人もいますが、20~30代と思われる若い人が３分の１くらいも並んでいるのです。２００２年に国は「ホームレスの自立の支援等に関する特別措置法」を策定し、東京都も路上生活者対策として「自立支援制度」を設けてホームレスの就労や社会復帰の支援を積極的に行っています。それでも毎週多数の人たちが並ぶのです。不運だった人や自己責任で借金地獄に堕ちた人など、それぞれが複雑な要因を抱えているようですが、いったんホームレスになると底から這い上がるむずかしさもあるようです。ホームレスになったきっかけを聞くと、多くはリストラ、派遣切りなどでした。しかし、最終的にホームレスになった要因は家族や職場の人間関係、金銭トラブルなどの煩わしさからの逃避が多いように思いました。経済的、社会的問題も多いのですが、親戚、友人、同僚、家族など、腹を割って相談できるような人と人の支え合いや結びつきが希薄になったことがそれをさらに助長しているように思います。人は人と繋がり合っていてこそ人なのです。べったりした付き合いでなくても、いざというときに相談できる人が絶対必要です。人は一人では生きていけないのです。物質的でなくとも精神的にも仲間が必要です。それが伴侶であっても、友人であっても、近隣の知人でも顔見知りだけでもいいのです。人がこれほどたくさんいるのですから、その人にあったつながりをもって孤立や孤独の哀しさを少しでも和らげてほしいと思います。

3　ほどけた結び目を結び直す

日本には結びの文化があります。というと、水引、紐、帯などの「結び方」を思い浮かべるかもしれませんが、それも貴重な文化だと思います。しかし、ここでいう「結び」とは、人と人を結ぶ文化です。人は生まれつき一人では生きていけない動物です。馬のように、生まれて4日目には立ち上がって母馬の乳房を自ら探して乳を飲むことなどできません。人は生まれてから自立するまで父母や周囲の人の助けが不可欠です。そして、生きていくうえでも人の助けが必要です。それぞれの人が支え合って社会が成り立っているのです。そのためにも大切なのは人と人の関係性です。東日本大震災直後「絆」という言葉がメディアや広告宣伝などにも多用され、絆という言葉が薄っぺらで軽くなってしまったといわれるほど、絆が見直され注目されました。言葉の辞典では「絆とは、断つことのできない人と人との結びつき」と書かれています。由来には「絆は犬や馬などの動物を繋ぎとめておく綱のことをいい、平安中期の辞書『和名抄』にもその意味の使用例がみられます。絆は離れないように繋ぎとめる綱の意味から、家族や友人など人と人を離れがたくしている結びつきをいうようになった」とされています。しかし「絆」という言葉に対し、私は何かしっくりしないというか、借りてきた言葉のように無意識に違和感を覚えていました。絆の語感のなかには「頸綱《くびつな》」や「騎綱《きずな》」に由来することから、お互いを束縛・拘束するようなイメージがあるような気がします。それが注目されるのは、人と人との結びつきが弱まっていることを自省しての反作用からかもしれません。

絆が弱くなったのは、自分さえよければという個人主義によるものと考える人もいます。敗戦後、欧米文化と一緒に入ってきた個人主義が若者に受け入れられていくうち、自由をはき違え過度な利己的個人主義が蔓延した結果、隣人に無関心になり、隣家で亡くなっていても数カ月間経ってから判明する孤立死増加時代になってしまったという主張です。マンションの住民同士も挨拶を交わす人が半分以下で、都市化イコール孤立を意味するとまでいわれています。

こうした考えにも一理はあるとは思いますが、だからといって日本人の多くが昔から個がなく、集団主義的であったという決めつけには賛同できません。日本にも欧米とは異なる「個」が存在していました。欧米のそれは、自分が他の人との違いを主張することによって確立する、つまり他の人との関係性における「個」です。それに比べ、日本人の「個」はかなり違います。日本人は自己を極めることによってのみ得られる自己修養を「個の確立」としているように思います。自己の「個」を確立するためには他の人との関係性よりも、ひたすら自己の内面を見つめ掘り下げ磨き、自分自身の確立が自己実現であったようにも思われます。では、人と人との関係はどうだったかというと、従来は親族・友人を別にすると「個と個」というよりも家族、親族、隣組、村、学校、職場、グループなどさまざまな共同体や場を通じた結びつきだったように思われます。たとえば、集落が総出で助け合い協力し合う相互扶助組織の「結い」（沖縄ではユイマール）は、文字どおり人と人の結び合いを指しています。また、結いとよく似た「合力《こうりやく》」や「普請《ふしん》」なども、古くからある人と人が力を合わせる隣保共助の仕組みです。こうした共同作業体はいまでも一部地域（農村地域等）に残っていますが、田植えや屋根の葺き替えだけでなく、冠婚葬祭など生活全般に及んでいました。その構成単位は、後述するように向こう三軒両隣の五保、五人組、十人組、五ケ村組合などの地域自治組織、親族を主体とした一族郎党組織、同業者同士などさまざまなかたちの共同体がありました。

いま、その共同体そのものがなくなったり、あったとしても共同体内の人と人との親密性、結びつきが希薄になっていることが懸念されています。従来のように自己の確立を目指す人たちは他の人の存在を無条件で容認し信頼し関心をもつことができたのですが、個人個人が求める価値や質が時代とともに変質してきていること、あるいは誤った個人主義が人と人の結びつきの脆弱性を誘発し、結び目がほどけてきていると考えられます。あわせて、従来の共同体が機能を失ったことにも起因していると考えています。敗戦後、占領軍によってあらゆる仕組みが軍国主義を助長したとして破壊されました。古来のよき文化、慣習、価値観までがその標的となりました。

①東日本大震災・地震発生1週間目に現地調査する筆者（陸前高田市）

そのなかには隣組もあります。戦前の隣組は戦争遂行のため行政の末端組織として組み込まれ、相互監視や連帯責任という軍事政権の一翼を担った時期があります。しかし、一方では、前述の共同体のように向こう三軒両隣での助け合いは一部で機能していました。詳細は後で述べますが、昭和22年（1947年）、占領軍の指示で内務省は行政組織としての町内会、部落会、隣組の廃止令を出します。その後、回覧板を回したりして行政の広報を助ける町内会、自治会としてだけ残りましたが、残念ながら共同体として最も重要な隣保扶助の考えや仕組みは除外されてしまいました。

そして、東日本大震災が発生します（画像①参照）。恵みを与え続けてくれるはずの自然。味方だった海が、ある日突然牙を剥き、人、家、街、暮らしを一瞬にして飲み込み、原発事故、放射能に父祖の地を追われた人々。容赦なき自然の暴力に翻弄された人たちの映像に命のはかなさを実感させられ、蹂躙され破壊された安全という砂上の楼閣の前で、いまあなたはどう生きるのかと、いきなり生死の命題が突きつけられたのです。その結果、とりあえず出された答えは「絆の大切さ」というフレーズでした。忘れられていた「絆」という言葉。命の絆、肉親の絆、被災者の絆、地域の絆、コミュニティや社会の絆などなど便利なフレーズとして震災直後は多用されました。しかし、便乗商戦にまで使われ過ぎたせいもあって、絆という言葉には罪もないのに何となく薄っぺらな感じだけが残りました。単に「つながっている」だけ、無機質の絆ではなく、もっと温もりや心の通い合う、特に点と点でなく共同体のなかにおける人間的な絆が必要とされています。「みんなで」とか、「ともに」というときれいですが、そうしたあいまいな共同体ではなく、隣人同士や向こう三軒両隣など目の届く範囲の結びつきや顔のみえる近隣共同体が機能してこそ、結果として自主防災組織や広域共同体を支えることになるのです。

つまり、最初からアソシエーション（組合、協会、団体）という緩い大きなつながりを目指すのではなく、まずは親密な最小の隣保組織と小コミュニティ（最小地域社会）のつながりが大切なのです。古来より伝承され、戦後失われてきた「慮る」「惻隠の情」「お互いさま」などの日本のゆかしい慣習や文化を取り戻し、平時はともかく有事には支え合い、助け合うことのできる最小共同体の構築が焦眉の急です。昔からあった人と人の結び目がほどけたら、再度結び直せばいいのです。災害列島日本に住む作法として、近くにいる人が近くの人を守り、助け、支え合う「防災隣組」と「近助の精神」の普及を提案します。

4　近助の精神

誰にでも肉親がいます。誰にでも隣人がいます。誰にでも暮らす町、学び、働く場があります。みんな同じ星、同じ国、同じ地域に住み同じ時代を生きています。地域、仕事、暮らしなど、みんなどこかでつながり結ばれています。人は一人では生きていけません。それぞれの存在によって支え合って社会が成り立っています。

だからこそ、「義務を果し、可能な限り自分のことは自分で対応」が基本です。しかし、乳幼児や身体の不自由な人、高齢者、障がい者、病人も、誰だってそうなりたくてなったわけではありません。可能な限り自分のことは自分でしたうえで、それでも対応できないときは、隣人に助けを求めてよいのです。誰でも病気になることがあります。誰でもいつかは歳をとり身体が不自由になります。地理がわからない出先で災害に遭遇すれば、誰でも助けが必要です。つらいときは愚痴をこぼしていいのです。泣いてもいいのです。助けを求めていいのです。隣人同士がどこかで迷惑をかけ合い、助け合い、感謝し合いしながら生きているのです。それがお互いさまです。

人は助けられ、支えられるありがたさと感謝する心を知っています。いつかは誰でも助けられ、支えられる人になります。ですから、元気なうちは助ける人、支える人の立ち位置で「ほどよい距離感で隣人に関心をもち、イザというときや困っている人には声をかけ、近くの人が近くの人を助ける、傍観者にならない心」「気持ちよく助け、気持ちよく助けられる」それが「近助の精神」です。

動物は本能的に近くにいるものを警戒し身構えます。捕食されないか、攻撃を受けないかと。ときには一方的に威嚇し攻撃的にさえなります。しかし人間は、人間だからこそ、徳性、理性、倫理をもっています。特に日本人は伝統的美学と礼節により隣人に優しくできる、世界でもまれな徳質をもった国民です。どんなときでも隣人に関心をもち、助け、支え合う心、それが「近助の精神」です。

私たちは自然があるから生きていけます。しかし、自然は恵みだけでなく過酷な災禍をもたらします。日本は自然に恵まれた国ですが、災害多発国でもあります。世界最大の海と世界最大の大陸の間にある国です。世界で発生する大地震の約20パーセントがこの狭い日本周辺で発生し、世界の活火山の10パーセントが日本に存在しています。寒流と暖流、偏西風と偏東風が交差し、台風は吹き寄せられ、竜巻、豪雨、豪雪、土砂災害、水害、噴火に見舞われる国です。自然の災禍や社会的災禍には行政とともに地域、隣人が支え合い助け合って、困難を乗り越えてきた国です。

個人、家庭、地域、学校、職場、企業、自治体、国、それぞれの立場、持ち場で「近助の精神」を認識・発揮し、安全・安心共同体としての隣保組織・近隣共同体「防災隣組」の構築と参画こそが災害列島日本に住む作法なのです。

第1章

自助、近助、共助

1　上杉鷹山公「三助の実践」

防災は「自助」「共助」「公助」の三助といわれてきました。三助という言葉には、社会全体で安全を支えようというような、万遍なく各方面に配慮したバランスのとれたキャッチフレーズに聞こえます。そもそも三助の原点は、江戸時代に名君とうたわれた上杉鷹山公《うえすぎようざんこう》の「三助の実践」から始まったものです。鷹山公といえば、第35代アメリカ大統領ジョン・F・ケネディが「あなたが尊敬する日本人は？」との質問に「それはウエスギヨウザンです」と答えたことでも知られています。そのとき、居合わせた日本人記者で鷹山公のことを知っていた者はほとんどいなかったそうです。「ヨウザンって誰？」と聞き合ったと伝えられています。

鷹山公は、日向（現・九州宮崎県）高鍋3万石城主、秋月家の二男として生まれます（1751年）。わずか9歳にして米沢藩主上杉重定の養子となり、幼名上杉直丸克興、元服して治憲、隠居後は鷹山と名乗ります（以下、「鷹山公」という）。上杉家は初代上杉謙信のころは越後地方で約200万石を超える収入を得ていましたが、二代景勝のときに豊臣秀吉によって会津（福島県）120万石に移封されます。さらに関ヶ原の合戦で西軍の石田光成方に与し徳川方の東軍と戦ったため、徳川家康により会津120万石から一気に米沢30万石に減封された外様大名でした。そのうえ、四代から五代藩主の跡継ぎをめぐる手続に手抜かりがあり、危うくお家断絶の窮地にさらされます。家臣や縁戚大名たちの奔走でかろうじて家名断絶は免れたものの、さらに石高は15万石に減らされてしまいます。収入は8分の1に減ったにもかかわらず、その後三代にわたり120万石当時の格式を踏襲し、家臣団も出費を削減しなかったため、米沢藩の財政は急激にひっ迫していきます。不足分を借金でまかなったため藩の借金は11万両にも達し、収入をふやそうと重税を課したため逃亡する領民が後を絶たず、武士たちも困窮の極みに達していました。その当時、日本は経済の成長期の頂点にありました。しかし、鷹山公が家督を継ぐ頃には経済は失速し低成長期に陥っていました。不況下で破綻財政を抱えた米沢藩第九代藩主となったのが鷹山公（17歳）でした。そのときに領民に対する覚悟を「受け継ぎて　国の司の身となれば　忘るまじきは民の父母」（藩主として自分の主な仕事は、父母が子を養うごとく領民を愛し、尽くすことである）と吐露しています。以来、徹底した倹約と新田開発などを進めることになります。そんななかで鷹山公が示した「三助の実践」とは次のようなものでした。

一、自助＝自らを助ける
一、互助＝近隣社会が互いに助け合う
一、扶助＝藩政府が手を貸す

「自助」の実現を図るために、鷹山公は米作以外の殖産を興すことを積極的に勧め、寒冷地に適した漆《うるし》、楮《こうぞ》、桑、紅花などの栽培を奨励します。藩士たちにも自宅の庭でこれらの作物を栽培することを命じます。当初藩士たちの反発は強かったのですが鷹山公が自ら率先して城中にて栽培してみせたのです。合戦のない平和な世となった以上、武士も農民の年貢に徒食するのではなく「自助」の精神で生産に加わるべし、と身をもって示したのです。やがて鷹山公の改革に共鳴した下級武士たちも自ら荒地を開墾して新田開発に積極的に取り組みました。家臣の妻子も養蚕や機織りに励むものなど、それぞれが生産する喜びを覚えていくのです。

　米沢城外に架かる福田橋は、傷みがひどく大修理が必要でしたが財政ひっ迫のため藩では修理費が出せずに放置されていました。その福田橋をある日突然20～30人の侍たちがもろ肌脱ぎになって修理を始めたのです。その侍たちとは、藩政の立て直しに努力する鷹山公が、近く参勤交代で江戸から帰ってくると知った藩士たちでした。橋がこのままでは農民や町人が不便だろうと藩主が心を痛めているのを知って、自分たちで橋を直そうと下級武士たちが立ち上がったのでした。「侍のくせに人夫の真似までするとは」とせせら笑う声を無視して侍たちは作業に打ち込み、見事に橋を修理してしまったのです。江戸から帰ってきた鷹山公は修理された橋とそこに集まっていた藩士たちの前で馬を下ります。そして「とうてい馬に乗っては渡れぬ」といって、橋を歩いて渡りました。藩士たちの感激は頂点に達します。鷹山公は藩士たちが自助だけでなく、率先して農民や町人のためにという「互助の精神」を実践したことを何よりも喜んだのでした。その互助の実践として、農民には五什組合、五ケ村組合をつくり、互いに助け合うことを命じます。特に孤児、独居老人、障がい者は五人組・十人組のなかで養うようにさせたのです。さらに一村が火事や水害などの大きな災害に遭遇したときは近隣四村が救援する五ケ村組合の仕組みを定めます。従来、貧しい農村では働けない老人は厄介者として肩身の狭い思いをしていました。そこで、鷹山公は老人たちに米沢の小さな川、池、沼の多い地形を利用した錦鯉の養殖を勧めます。錦鯉がそれほど売れるはずがないという上級武士の嘲笑は長く続きませんでした。時は飛ぶ鳥の勢いで権勢を誇る老中田沼意次の時代でした。田沼は大っぴらに賄賂を受け付け、田沼の好きな錦鯉は品不足に陥るくらいでした。そこで大名、商人の間で評判になったのは北国の水で育てられた美しい錦鯉でした。評判が評判を呼び米沢の錦鯉は江戸で飛ぶように売れはじめ、収入は倍増し、老人たち自らが稼ぎ手として生きがいをもつことができるようになるのです。

さらに鷹山公は90歳以上の老人をしばしば城中に招いて、料理と金品を振る舞いました。子や孫が付き添って世話をすることで、自然に老人を敬う気風が育っていったのです。父・重定の古希の祝いには、領内の70歳以上の者738名に酒樽を与えます。その31年後、鷹山公自身の古希の際は、70歳以上が4560人に増えていたといいます。

藩政府による「扶助」は、天明の大飢饉の際に真価を問われました。天明2年（1782年）、長雨が春から始まって、冷夏となり、翌年も同じような天候が続きます。米作は平年の2割程度に落ち込んでしまいます。そのとき、鷹山公は陣頭指揮をとり藩政府の危機管理を徹底して指揮し、次のような命令を発します。

- 藩士、領民の区別なく1日当り男米3合、女2合5勺の割合で支給し粥として食べさせる
- 酒、酢、豆腐、菓子類などの穀物を原料とする物品の製造禁止
- 比較的被害の少ない酒田、越後からの米の買入れを実施

鷹山公も自らの家計を減らし、三度の食事を粥としたため、富裕な者も見習い貧しい者を競って助けます。当時300藩あるなかで、領民に緊急放出できるような備蓄のあったのは紀州、水戸、熊本、米沢の4藩だけでした。米沢藩に隣接する盛岡藩では人口の2割に当たる7万人、人口の多い仙台藩に至っては、30万人の餓死者、病死者を出したといわれますが、米沢藩では、このような扶助、互助の甲斐あって、餓死者は1人も出なかったのです。

それだけでなく、鷹山公は自藩も苦しいなか、他藩からの難民に対しても藩内領民同様の保護を命じています。江戸にも飢えた民が押し寄せましたが、幕府の調べでは、米沢藩出身の者は1人もいなかったといいます。米沢藩の業績は、幕府にも認められ、「美政である」として3度も表彰を受けています。鷹山公は、領内の学問振興にも心を砕きます。藩の改革は将来にわたって継続されなければならないことから、そのための人材を育てる学校がどうしても必要でした。しかし、とてもそれだけの資金はありません。そこで鷹山公は、学校建設の趣旨を公表し、広く領

内から拠金を募ったのです。鷹山公の呼びかけに心を打たれた武士たちのなかには、先祖伝来の鎧甲を質に入れてまで募金に応ずる者がいるほどでした。また学校は藩士の子弟だけでなく、農民や商人の子も一緒に学ばせることとしていたので、これらの層からの拠出金も多く集まりました。ここでも、農民を含めた自助・互助の精神が、学校建設を可能としたのでした。病人や障がい者は近隣で面倒をみ、老人を敬い、飢饉では富裕な者が競って、貧しい者を助ける。鷹山公の自助・互助・扶助の「三助の実践」が、物質的にも精神的にも美しく豊かな共同体をつくりだしたのです。

この鷹山公の影響を多大に受けたジョン・F・ケネディ大統領は、大統領就任演説において、以下の有名な演説を残しています。

「Ask not what your country can do for you. Ask what you can do for your country.」（国家があなたに何をしてくれるかを問うのではなく、あなたが国家に対して何ができるかを問いなさい）

国民がみな国家に頼ろうとしたら、国家はもたない。それは社会主義国家の失敗や福祉国家の行詰りが歴史的にも証明しています。現代における日本政府の財政危機も、景気浮揚のための膨大な借金による政府公共投資、福祉充実のための予算膨張と、国民が国からの「扶助」のみに頼ってきたツケがたまったものではないでしょうか。ケネディが鷹山公を尊敬したのは、内村鑑三が英文で書いた「代表的日本人」を読んで、自助・互助の精神が、豊かで美しい国づくりにつながることを実証した政治家だと考えたからだと思います。

しかし、わが国の戦後教育は、鷹山公をことさら無視してきたように思われます。戦後の歴史教育における江戸中期は、士農工商に代表される身分社会であり、農民は重い年貢を課せられ、武士階級から虐げられてきたと描かれています。そして、農民の反乱は、ことさら美化され、美政に関する記述はほとんどありません。もちろん、苛烈な年貢取立てを行っていた地域も、また時代もありますので一概には申し上げられませんが、国の「扶助」のみを訴える戦後の社会主義的風潮からは、このような階級対立構造のほうにしておくほうが都合がよく、「自助・互助」とのバランスをとって庶民の幸せを願う鷹山公の姿勢は受け入れがたかったのかもしれません。国家だけに限らず、コミュニティとしての共同体が成り立つためには、各々の構成員が、共同体のために自分は何をなすべきかを考えること、つまり、自助と互助の精神や考え方は普遍性のある不滅の真理です。それがあって初めて社会（大きな共同体）が成り立ち、そのなかで自由と豊かさを味わうことができるのです。国や自治体はすべて自ら受皿になるのではなく自助、近助、共財の仕組みを作り、支援することが大切です。財政再建も、また教育や政治改革も、防災も防犯も、企業や組織の栄枯盛衰も、「自助・近助・共助」の精神の復活がキーワードです。それを教えてくれている人物は、われわれ自身の歴史のすぐ手の届くところにあったのです。日本国民は、自国の歴史に学び、鷹山公の英知を現代にも活かすべきだと考えています。

2 公助は業務

鷹山公の三助の実践からおよそ200年を経た今日、防災のあるべき姿として「自助」「共助」「公助」という標語が頻繁に使われるようになりました。しかし、自分でも口にしていながら公助という言葉自体が自助、共助と同列に扱うことに違和感のある語感に思われます。大辞泉（小学館）に公助とは「公的機関が援助すること。特に、個人や地域社会では解決できない問題について、国や自治体が支援を行うこと」と記されているように、公助の意味は、主に国、自治体、自衛隊、警察、消防、指定公共機関など（以下、「公的機関」という）が、国民や住民の安全を図るために防災対策、救出救助、緊急支援等を図る行為を意味しています。一見当然のように思われますが、ちょっと考えると不思議な言葉です。もともと公的機関はそれぞれの法令、たとえば「災害対策基本法」「防災基本計画」「災害救助法」「国民保護法」「地方自治法」「警察法」「消防組織法」などに定められており、標語でいう公助は法律や計画で定められた正規の職務のことをいっていることになります。つまり法定義務であり職務である「公助」は、任意で自発的に行動する自助、共助とは次元の異なる用語なのです。また、江戸時代の米沢藩における領民への扶助という行為と防災における公助の意味は背景の違いもあり、似て非なるものだと思います。国民を守ることが国家の義務であり使命であって、公的機関が住民を守り助けるという行為も当然の職務行為ですから、標語として特別に推奨するのはそぐわないし、あらためていうほどのことではありません。まさか、国家が国民を守ろうとしないから、「公助」を目標として掲げようとするわけでもないでしょうから、今後は防災標語として公助は使わないようにすべきだと思います。とはいっても公助が不要ということではありません。国、自治体、防災関係機関、指定公共機関はそれぞれの立場、責任で国民を守るための危機管理体制を構築することが必要であり、事前対策、緊急対策、復旧・復興対策はきわめて重要です。各持ち場、立場でＢＣＰ（事業継続計画：Business Continuity Plan）および、地域や関連団体と面で連携するＣＣＰ（コミュニティ継続計画：Community Continuity Plan）として、それぞれが近助の精神をふまえた防災隣組を結成する必要があります。つまり、国、自治体、企業も近くの隣人との連携を図ることが求められているのです。

3　共助だけでは機能しない

次に共助です。私が「近助の精神」の説明をしますと、近助という概念は共助の一環、あるいは共助に包含される領域の言葉ではないかという人がいます。広い意味でいえばその指摘は正しいと思います。しかし、よく考えてみますと共助の「ともに助ける」という「ともに」とはどこの誰と誰がともに助けるのか、主語が欠落しきわめて漠然としているように思われます。近助は、向こう三軒両隣、隣人や近くの人が近くの人を助けるというように、きわめて明確に主語が近くの人と特定され、定義としても明確になっています。しかし、共助が曖昧感を与えるのは、「ともに」という前提は「みんな」という言葉が下敷きになっていると考えられるからです。

しかし、共助、すなわちみんなで一緒に助け合うという概念ですが、では「みんな」とはいったいどこまでがみんなのか、みんなで助け合おうとする場、テリトリーというか、その意味、対象とする範疇すら漠然としています。

アレクサンドル・デュマ・ペールの『ダルタニャン物語』にその「みんな」が出てきます。ダルタニャンが発案した友情の誓いの言葉「みんなは一人のために、一人はみんなのために」（フランス語原文では“Tous pour un,un pour tous.”）です。この場合のみんなは、ダルタニャンと三銃士の4人のことを指しています。しかし、一般的に「みんな」のイメージとしては、グループ数人の「みんな」から地球規模の「みんな」までのきわめて広い定義です。そのみんなが助け合いましょうといっても非常に茫漠漠然としています。つまり、共助といわれても、どこまでの誰と誰が助け合うのかという具体的イメージが浮かびにくく定義が曖昧に聞こえるのです。もちろん防災における共助という「みんな」は不特定多数のみんなではなく、学校区、自主防災組織、自治会、町内会など地域組織またはその連合体など地域コミュニティを指しているものと理解されています。地域コミュニティに属しているみんなが、災害発生時は積極的に力を合わせて被害軽減、二次災害防止などに努めましょうという努力目標的コンセプトです。みんなが力を合わせれば大きな力になるかといえば必ずしもそうではありません。ましてや、みんなというキラキラ輝く眩しい理想的集団が急に生まれるはずもありません。

自治会、町内会に加入しない世帯が増加し、地域によっては高齢化・過疎化が進み地域コミュニティそのものが求心力を失っているのが現実です。みんなが高齢化し過疎化している地域で「みんな」が力を合わせても大きな力にはなりにくいのも事実です。自主防災組織も形式的であったり、みんなという少し大きなグループの共助だけでなく、共助よりもっと目と心の届く顔の見える範囲の支え合い、助け合いが必要なのです。最小共同体、向こう三軒両隣の防災隣組という近助があってこそ共助があるのです。それは、次に述べる五人組、十人組の互助組織の考え方に通じる思想です。

4　上杉鷹山公の「五什組合」と「五ケ村組合」

鷹山公は前述した三助の実践で「互助」を勧めています。愛民政治だからといって民を甘やかすことはせず、藩政府が助ける扶助の前に自分たちの町は自分たちが守り助け合う互助を優先すべきとする、防災隣組の原点があるのです。

基本は自己責任と地域の連帯助け合いを基軸としています。互助とは農民相互の扶助組織であり、近隣5軒（戸）を五人組として近くの者同士が相互に助け合い、五人組（戸主だけを数える、以下同じ）を十組まとめた十人組で共助を図り、さらに村全体が共同体として苦楽をともにせよ、とするものでした。鷹山公は享和2年（1802年）2月、五什組合と五ケ村組合について次のように定めています。

一、五人組は同一家族のように常に親しみ、喜怒哀楽を共にしなければならない。
二、十人組は親類のように、互いに行き来して家事に携わらなければならない。
三、同一村の者は、友人のように助け合い、世話をしなければならない。
四、五ケ村組合の者は、真の隣人同士がお互いにどんな場合にも助け合うように、困ったときは助け合わなければならない。
五、互いに怠らずに親切を尽くせ、もしも年老いて子のない者、幼くて親のない者、貧しくて養子の取れない者、配偶者を亡くした者、体が不自由で自活のできない者、病気で暮らしが成り立たない者、死んだのに埋葬できない者、火事にあい雨露をしのぐことができなくなった者、あるいは他の災難で家族が困っている者、このような頼りのない者は、五人組が引き受けて身内として世話をしなければならない。五人組の力が足りない場合には、十人組が力を貸し与えなくてはならない。もしも、それでも足りない場合には、村で困難を取り除き、暮らしの成り立つようにすべきである。もしも一村が災害で成り立たない危機におちいったならば、隣村は、なんの援助も差し伸べず傍観していてよいはずがない。五ケ村組合の四ケ村は、喜んで救済に応じなければならない。
六、善を勧め、悪を戒め、倹約を推進し、贅沢をつつしみ、そうして天職に精励させることが、組合をつくらせる目的である。田畑の手入れを怠り、商売を捨てて別の仕事に走る者、歌舞、演劇、酒宴をはじめ、他の遊興にふける者があれば、まず五人組が注意を与え、ついで十人組が注意を与え、それでも手に負えないときは、ひそかに役人に訴えて、相応の処分を受けさせなければならない。

内村鑑三（1861~1930）は1908年に書いた英文の著書『代表的日本人』のなかで、

この五什組合のことを「多分の官僚主義は以上のどこにも存在しない。それのみならず私はかつての鷹山の米沢領以外、地球の他のいかなる部分に於いても、これに類したものの公布され、それの実行に移されたるを見たことがないと断言する」と述べ激賞しています。

鷹山公はほかにも老人、病人、妊婦などの社会的弱者へ優しい気配りを示しています。当時は医者があまりにも少ない時代でしたから、病気になっても医者にかかることができない者が多かったのです。鷹山公は江戸や京都から医者を招へいし、藩内各地に官選の医者を配置するため医者に宅地を与えるなど優遇した結果、多くの命が助かったといわれています。特にこの時代は貧しさゆえに産んでも育てられないと、妊娠後の間引き（堕胎）が日常化していました。鷹山はこうした非人道的な間引きに心を痛め、財務担当者などと熟慮と協議を重ね、やり繰りするなどして、6000両の育児資金をつくりだし、出産しても子どもを育てられない窮民にこれを与えることにしました。その後30年間にわたり窮民支援に努力した結果、ついに米沢藩において間引き（堕胎）の根絶に成功するのです。

しかし、この頃は高齢者に対しても忌わしい風習がありました。当時は生活苦のため働けなくなった老人は「口減らし」のため、野山に捨てられることがしばしばありました。鷹山公はこの忌まわしき悪習根絶のため、次なる方策を講じます。それは、90歳以上の者は亡くなるまで食べていけるようにと、いまでいう年金を与え、70歳以上の者は村で責任をもっていたわり世話をすることを決め、前述したように鷹山公自ら老人をいたわる孝子を褒章するとともに、毎年老人を城中に招き馳走するなど、敬老を実践してみせたのです。こうした地道な現在でいうセーフティネットが効を奏し、「米沢藩全体で人を大切にする。貧しい家や困窮している人は藩が助けてくれる。藩が変わった」という地元の声を聞きつけ、米沢を離れた領民が徐々に戻ってくるようになるのです。

財政破綻していた米沢藩を鷹山公が再建するまでには、長く困難な数十年の歳月を要しましたが、不可能といわれた藩立て直しに見事に成功したのは、鷹山公のどんなことをしても人を大切にするという不退転の覚悟と死力を尽くしてこその結果です。その根底にあったものは「民の父母たる」為政者としての使命と責任感、そして民への限りない愛情と真心でした。財政立て直しにおいても、苛烈な増税に走るのではなく、大倹約令を発するのは他者に対してだけでなく、江戸藩邸の年間経費を従来の1050両から209両へと節減したように、藩政府自ら倹約を実践します。さらに日常の食事は一汁一菜、衣服は綿衣、50人いた奥女中は9人に減らすなど、いうだけでなく質素倹約の範を自ら示したのです。

厳しい取立てをして農民泣かせだった代官には、世襲制度を撤廃し家柄よりも優れた人物を選んで就任させます。こうした鷹山公の改革を否定した7人の重臣を、藩士の意見を聞いた上で3日後には7人すべてを切腹、閉門、減知するなど断固として処断します。鷹山公は改革に命をかけていたのです。さらに藩内12の地方に「郷村教導出役」という役人を置き、彼らに次のような任務を与えました。

一、天道を敬うことを教えること
一、父母への孝行を教えること
一、家内睦まじく親類親しむことを教えること
一、頼りなき者をいたわって渡世させること
一、民の害を除き民の潤益をとり行うこと
一、上に立ち百姓を取り扱う諸役人の邪正に注意すること
一、往来の病人をいたわること

郷村教導出役の任務は、一つには農民の生活を守ることであり、いま一つは農民に人の道を教え人倫を正しく示し歩ませることでした。

鷹山公に愛民の心があればこそ、倹約を奨励するだけでなく、民度向上を図り、助け合い、支え合えるような住みやすい町づくりの仕組みをつくったのです。きれいごとや言葉だけの政治ではなく、有言実行を実践した鷹山公こそ日本が生んだ古今不世出の政治家であり、真の英傑と呼ぶべき人です。封建時代にありながら、これほどヒューマニズムを実践したリーダーはほかにいないでしょう。常に正しい人間の道を歩もうとするその高潔な信念と人格は、生来の資質、そし

てたゆまない学問と修養によって育まれたものと推察されています。文政5年（1822年）、鷹山公が72歳でこの世を去ったときには、実の父母、祖父母を失ったかのように、領民は階層を問わず悲しみ泣きました。その悲嘆の声は山野に満ちあふれ筆舌に尽くしがたし、と伝えられ、葬儀の日には数万人もの会葬者が道にあふれました。こうべを垂れ、深く嘆き悲しむ声が誰からも聞かれ、山川草木みなこれに和したとも伝えられています。

鷹山公の五什組合は、いまでいうセーフティネットかもしれません。いや、それよりももっと深い人の道を具現化した仕組みであり、自助、近助、共助につながる人類共通の、永遠のモラルといえます。モラルとは、お互いさまと人に対する敬意と深い愛情があってこそ成り立つことを私たちに教えてくれたのだと思います。

2012年で日本の負債は1000兆円を超えます。歳出の半分しか税収はなく、国家予算の50パーセント以上は赤字国債でまかなわれるという事実上の財政破綻状態にあります。ここまでくると増税も必要でしょうが、増税だけでなく国の仕組みを含めた抜本的改革と経済の活性化策が重要です。しかし、さらに大切なのは鷹山公が実践してくださった人を大切にした本当のセーフティネットです。そこには「五人組」「三助の実践」にある、限りなく民を愛する為政者の姿勢です。私たちがいまできることは、鷹山公に学ぶ隣保的防災隣組の構築なのです。

為せば成る為さねば成らぬ何事も成らぬは人の為さぬなりけり（上杉鷹山）

第2章

防災隣組の先進事例

1　犠牲を最小限にとどめた防災隣組

宮城県気仙沼市唐桑町小鯖《こさば》地区は、東日本大震災の地震発生から約26分後に10メートル以上の津波に襲われます。津波は漁港を蹂躙し、あっという間に住宅と町を飲み込んで行きました。小鯖地区155世帯中、53世帯に津波が襲いかかり、家屋流失など全住宅の3分の1が被害を受けます。宮城県の最北東部気仙沼市、小鯖地区は気仙沼湾を望む唐桑半島中部に位置し、町は入り組んだリアス式海岸の浜沿いにあり、山が海に迫り、狭い平地部に漁港や商店、山際に住宅が点在しています（画像②参照）。この地区は明治三陸津波（1896年）と昭和三陸津波（1933年）で大きな被害を受けていました。こうしたことから東日本大震災前から防災意識も高く、宮城県沖地震に備え防災対策を推進していました（画像③参照）。

2004年に地域の状況を把握しようと自治会内に小鯖地区アンケート小委員会を設置し、全戸に向けたアンケート調査を実施した結果、配布数149世帯、回収世帯145世帯で回収率は97・3パーセントでした。アンケート項目は、①家族数、②体の不自由な家族数、③日中在宅者数、④避難場所認知確認、⑤防災グッズ備蓄状況などでした。その結果、正しい避難場所を知っていた世帯は43パーセント、誤って認知していた世帯が57パーセントという結果をもとに、防災

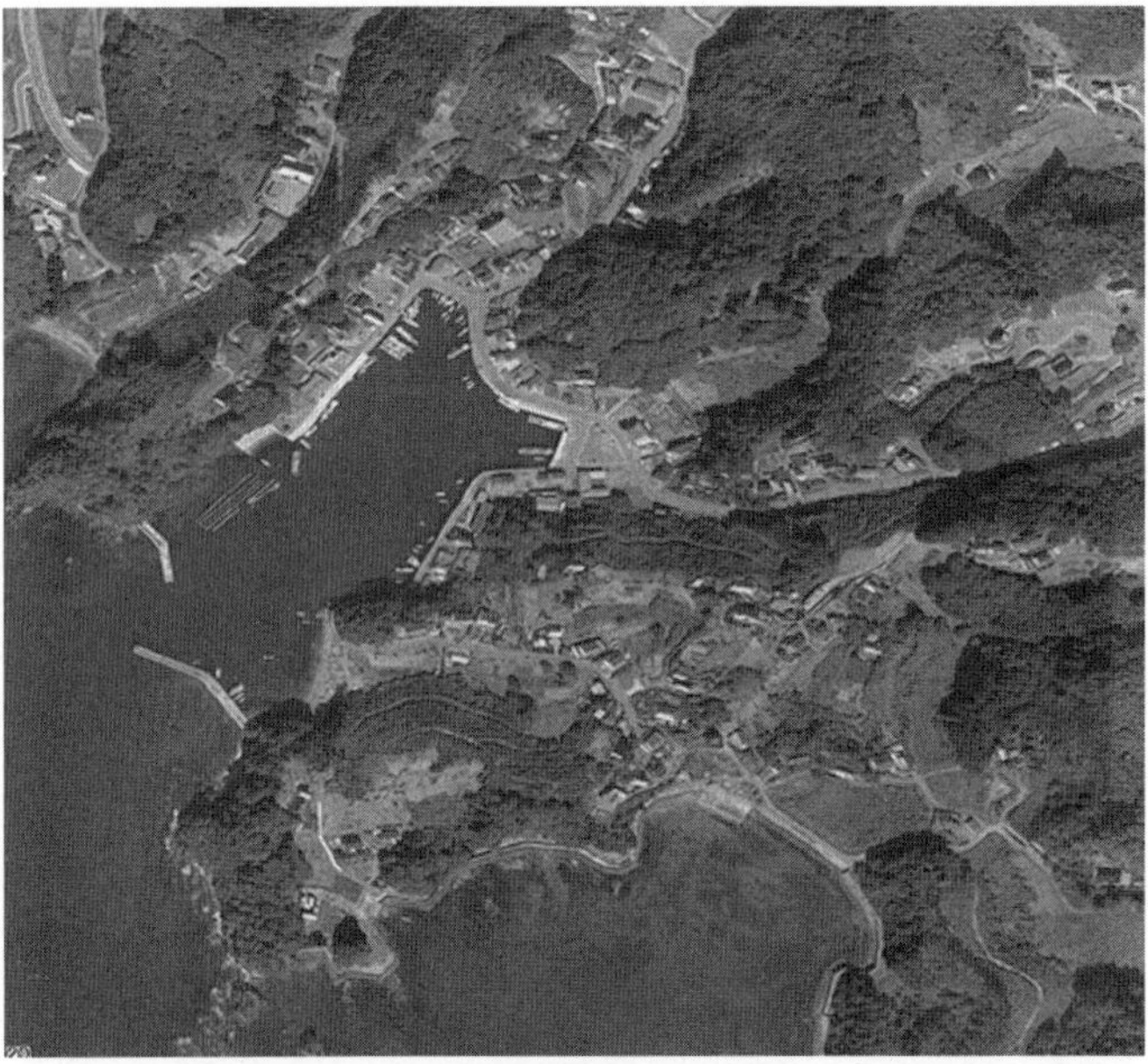

②小鯖地区

③宮城県気仙沼市唐桑町小鯖地区
（右側筆者の隣が町内会長、左側副会長と事務局長）

マップ作成が急務という結論に達します。自治会は直ちに12名を選任し「防災マップ検討委員会」を設置し、毎週1回会合をもつことを決めマップづくりにまい進します。そして、２００５年2月小鯖地区独自の防災避難マップを完成させ全戸に配布します。さらに自治会のなかに自主防災部を設置し、海抜20メートル以上となる高台に定めた12カ所の避難所ごとに12班の隣組を編成し、役員を選任します。役員と副役員には無線機（トランシーバー）を配布し、本部や役員同士が連絡をとれるようにしました。

小鯖自治会自主防災部の組織図で特徴的なのは、自治会だけでなく、気仙沼市唐桑総合支所、広域消防唐桑出張所、消防団、婦人防火クラブが密接に連携した組織となっていることです。そして実際の災害時にそれぞれの団体との連携がスムースに行われたことをみても形式的な組織図ではないことがわかります。以前、小鯖地区は本吉郡唐桑町でしたが、２００６年3月に合併し気仙沼市唐桑町小鯖になりました。半島という災害発生時には孤立しやすい地勢的特性もあり、地域の人あるいはそれぞれの団体間の結びつきは強かったといわれています。

訓練を行う場合も訓練の半月前に各団体が一堂に顔をそろえる合同実行委員会を開催していました。震災1年前の２０１０年3月9日にも、この小鯖自主防災部合同実行員会が開催され、3月22日には平成22年度小鯖自主防災部合同訓練が行われています。このときはまさか、その1年後に震災が起こるとは誰も思ってもいませんでした。そのときの訓練内容（画像④参照）をみま

◎小鯖自主防災部訓練行程表（資料２）

平成２２年３月２２日（月）

平成２２年度小鯖自主防災部初期消火訓練等・防災講演会の予定表（案）

	時　間	練習項目	参加者	開始時間	実　施　内　容	備　考
炊き出し	★AM ９：００分 ～ １２：００分	★小鯖自主防災組織部による炊き出し訓練。		★AM ９：００分 ～	☆小鯖地区自主防災組織部による炊き出し訓練。 ＊移動式大型炊飯器によるトン汁。 ＊災害用白米の試食会（総合支所総務課より提供）。	
第１訓練	★AM ９：００分 ～ ９：５０分	★軽可搬ポンプ機による放水訓練。		★AM ９：００分 ～	☆気仙沼市消防署唐桑出張所、小鯖地区消防団指導による放水訓練。（大型水槽の準備）	
第２訓練	★AM ９：５０分 ～ １０：１０分	★消火訓練。		★AM ９：５０分～	☆気仙沼市消防署唐桑出張所、指導による消火訓練。 ＊気仙沼市消防署唐桑出張所による水消火器１０機準備。	
	★AM １０：２０分 ～ １０：４０分	★バケツリレー消火訓練。		★AM １０：２０分 ～	☆気仙沼市消防署唐桑出張所職員の指導による訓練。 ＊気仙沼市消防署唐桑出張所、水槽準備。	※各自バケツ持参。
講演会	★AM １１：００分 ～ １２：００分	★夜間時！！地震に備えと対応について。		AM １１：００分 ～	☆気仙沼市消防署唐桑出張所による防災講演会。 ＊「演題」：夜間時！！地震に備えと対応について。	
閉　会	PM １３：００			PM １３：００	☆終　了	

④東日本大震災前年に実施していた「小鯖自主防災部訓練行程表」

すと、朝9時から炊き出し訓練、消火訓練（可搬式ポンプによる放水訓練、消火器による初期消火訓練、バケツリレー）、夜間時の地震に備えた対応についての講演会終了（午後1時）まで実に3時間にわたる訓練を実施しています。

　前述したアンケート調査小委員会はこの地区で大変重要な役割を果たしています。アンケート調査から生まれたのが「災害時安否確認家族カー

小鯖自治会　災害時安否確認家族カード　H20. 7

ふりかな	[redacted]	性別	家族数	屋号	カード　No.
世帯主　氏名	[redacted]	男	6人	[redacted]	1−1−006

住所	気仙沼市唐桑町[redacted]	電話　32−[redacted]

家族の名前	性別	年齢	家族情報	その他必要事項
1 [redacted]	男	[redacted]	漁船・内航船	
2 [redacted]	女	[redacted]		
3 [redacted]	男	[redacted]	町外で勤め	
4 [redacted]	女	[redacted]	町外で勤め	
5 [redacted]	男	[redacted]	中学生	
6 [redacted]	女	[redacted]	中学生	
7				
8				
9				
10				

ご意見・ご提案・その他

★小鯖住民台帳（家族カード）の書き方

1．世帯主／住所／電話／屋号／メモ
2．氏名　家族の名前
3．性別　男　女
4．年数字は年代　8は８０才代　5は５０才代

5. 家族情報
- F　漁船. 内航船
- 気　気仙沼等町外で勤め
- 唐　唐桑で勤め
- J　自営業
- S　施設入所の方
- 外　唐桑、気仙沼以外に居住
- 支　その他災害時支援の必要な方

⑤小鯖自治会の全戸が提出していた「災害時安否確認家族カード」

ド」です（画像⑤参照）。そこには世帯主氏名、家族数、屋号、住所、電話番号、家族の名前、性別、年齢、家族情報、その他必要事項などの欄を設け、全戸に提出してもらったのです。さらに、津波に関する知識と意識を高めるために宮城県および気仙沼市などの協力を得て2007年12月「第1回小鯖地区津波に強いまちづくり検討会」（委員16名）を開催し、大学教授を招いて津波防災に係る講演も行いました。その検討会で小鯖自治会からはこれまでの取組みが報告されています（2007年時点）。

〔小鯖地区が独自に実施してきた防災の主な取組み〕

①標高20メートル以上の場所に12カ所の一時避難場所を設置
②避難路を示した小鯖地区防災マップの作成
③避難所経路、避難場所の看板を設置
④小鯖自主防災組織の立上げ
⑤一時避難場所までの避難訓練と二次避難場所までの避難訓練の実施
⑥災害時安否確認のための家族カードの作成
⑦毎年一時避難場所までの避難訓練実施
⑧夜間避難訓練の実施

震災の3年前の時点でもこのように実践的な防災対策が推進されていました。小鯖地区では「その日」に備え、まちぐるみで懸命な防災体制の構築と強化を図っていたのです。小鯖地区の防災マップには一時避難場所までの経路が矢印で詳細に書かれており、その防災マップを使って避難訓練を繰り返しました（画像⑥参照）。ときには小学生、中学生を交え抜打ち的に避難訓練を実施して、避難した時間やルートに場所を自己申告させ「あなたは津波の犠牲者になる可能性がある」「あなたは津波から無事生還しました」などゲーム感覚で安全地帯と危険地帯の学習を行っています。

特に「災害時安否確認家族カード」は住民防災カルテと位置づけられ、家族情報欄には詳細に家族ごとの情報を次の記号などで記載することになっています。

F：漁船・内航船
気：気仙沼等町外で勤め
唐：唐桑で勤め
J：自営業
S：施設入所の方
外：唐桑、気仙沼以外に居住
幼：幼児

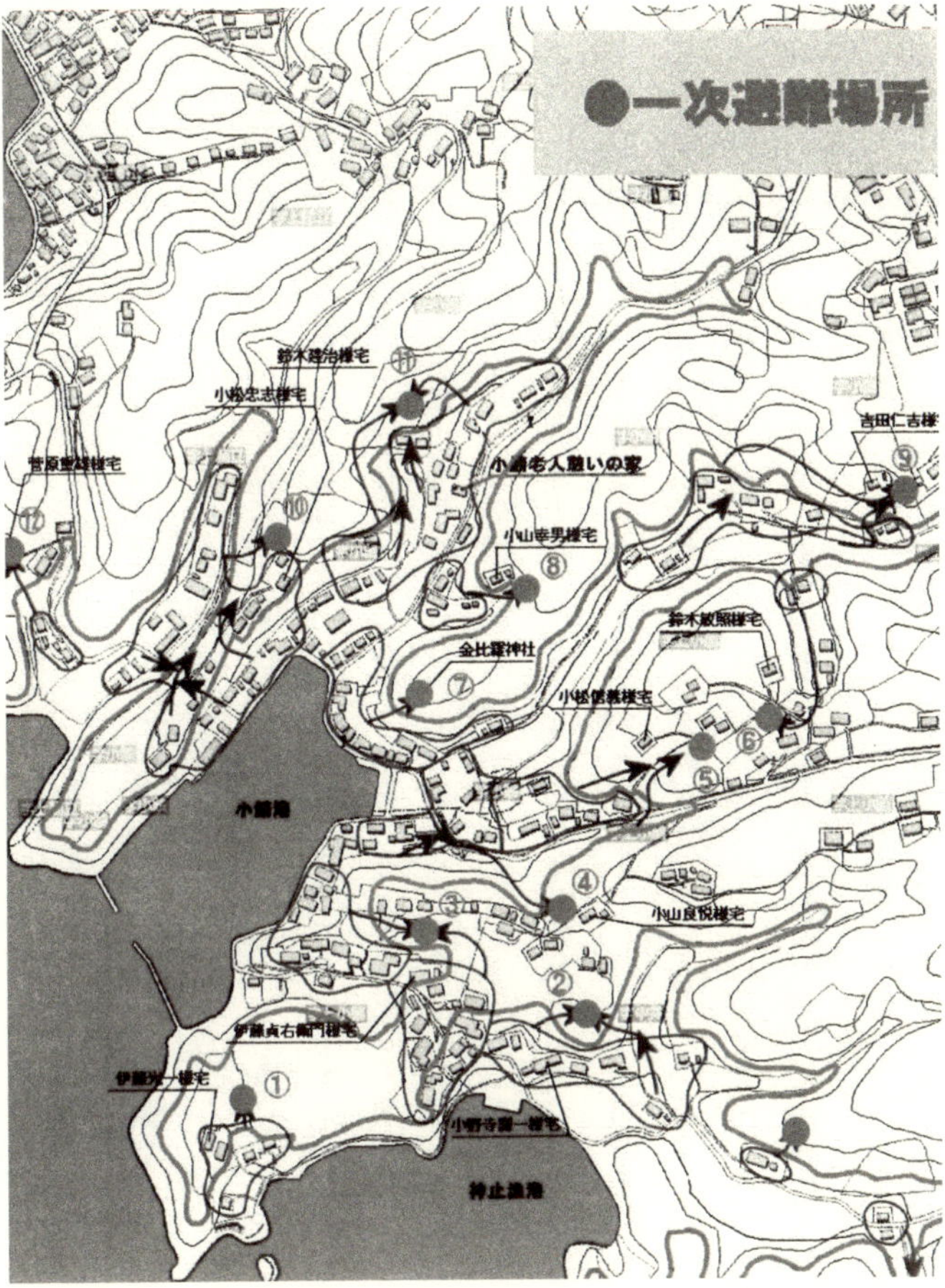

⑥小鯖地区の避難防災マップ（避難場所ごとに防災隣組を結成）

支：その他災害時支援の必要な方

そして、年齢が80代は「8」、50代は「5」と書くなど、数字一桁で自己申告できるようにしたのは、年齢を気にする女性に配慮したものだそうです。アンケート調査にはこうした細かい気配りが大切です。自治体が災害時要援護者避難支援名簿などを作成する場合、しばしば問題になるのが個人情報です。内容や開示先などに配慮して、イザというときに間に合わない場合が多いのが実態です。こうした防災隣組であれば個人情報の問題はやすやす飛び越えることができるのです。災害時安否確認家族カード提出が全戸100パーセントという実績にも驚きますが、それを毎年書き直すカードの提出も常に100パーセントということに感動します（画像⑦参照）。小鯖地区として共同体の人と人の結びつきがしっかりしていることと、互いに信頼関係ができていることが最大の理由だと思います。この地域は古くから漁業が盛んで、沿岸漁業だけでなく遠洋漁業の漁船員も多く出してきました。遠洋漁業ともなると、いったん出航すれば1年か2年は戻れないこともあり、留守を守る家族をみんなで助けることが当然という風土ができていたといいます。沿岸漁業でも海が時化れば遭難の危険性もありますから、漁船同士情報を密にしてイザというときには助け合うのが当たり前、運命共同体としてのお互いさま文化が定着していたものと思われます。

国内外を問わず、大規模地震が発生した直後はどこでも誰でも急激に防災意識が高まります。

平成２０年９月吉日

小鯖地区民各位

小　鯖　自　治　会
会　長　　亀谷正寿

災害時安否確認家族カード見直しについてのお願い

初秋の候、皆様には益々ご清栄の事とお慶び申し上げます。
日頃、自治会活動にご理解、ご協力頂き心より感謝申し上げます。

自治会では、近い将来宮城県沖を震源とした大地震の備えとして、平成１７年２月に地区の皆様のご協力により地震・津波の小鯖防災マップを作成し、全戸に配布しました。

また、防災体制として小鯖自主防災部を組織し、災害時等の救援活動を迅速かつ正確に行なえるように整えているところです。

毎年行なっている６・１２気仙沼市唐桑町総合防災訓練には、小鯖防災マップ、安否確認住民家族カードに基づいた合同防災訓練を行い、自治会としても大変貴重な防災訓練を体験させていただき、地区民どうしの連携の重要性を改めて認識させられました。

ここ数年におきた大地震の教訓からも分かるように、災害時の混乱の中では充分な安否確認が大変難しいのが現実です。

しかし住民どうしの協力により、いち早く避難誘導や安否確認が出来れば一刻を争うような地震による津波または家屋倒壊の被害からも避けることが出来るかもしれません。

それには正確な安否確認をする必要があります。正確な安否確認家族カードを作る為には、毎年１回一部内容など見直しを行はなければなりませんので、地区民の皆様には是非ご理解、ご賛同を頂きご協力をお願い申しあげます。

尚、家族カードに付きましては、大規模災害時の住民安否確認だけに使用するもので、プライバシー保護等に充分配慮し、あくまでも安否確認のため隣組単位の台帳として隣組役員が管理し、小鯖地区全体の台帳は自治会会長が保管管理するものとしますので、是非家族カード作成にご賛同を頂きご協力をお願い申しあげます。

平成２０年９月吉日に（新）災害時安否確認家族カードを作成いたしました。

※この災害時安否確認家族カードは地域の皆さんのご理解、ご賛同頂き作成しております。

⑦災害時安否確認カードは毎年見直し提出されていた

それをきっかけに防災隣組をつくることは比較的容易ですが、問題はその後です。直後に高まった防災に対するテンション（意識）をそのまま維持し継続させることはきわめてむずかしいものです。鉄は熱いうちに打てといいますが、鉄はすぐに冷めるものです。冷めないようにするには継続的かつ日常的な活動が大切です。小鯖地区で日常的に行われていたのは女性たちの「お茶っこ飲み会」です。普段から集会場や隣組ごとに近くの家などに集まり、お茶菓子や漬物を持ち寄るお茶っこ飲み会が開かれていたそうです。また、班のリーダーと副リーダーが出かけるときは、あらかじめ決められたほかの家にトランシーバーと名簿を預ける仕組みもあり、日常的に防災が普段の生活のなかに組み込まれていたといいます。こうした日常の人と人との結びつきが、防災意識や連帯意識を常に維持することに役立っていたものと推察されます。

そして、２０１１年3月11日午後2時46分、マグニチュード9・0の超巨大地震・東日本大震災が発生します。唐桑半島小鯖地区も震度6弱の強い揺れが3分以上続きました。繰り返し地域をあげて重ねてきた避難訓練、手助けが必要な障がい者や高齢者を把握した災害時安否確認家族カード、避難経路を明記した防災マップ、12班の防災隣組の真価を問われる事態がついに起きてしまったのです。住民は揺れが収まると同時に避難を開始し、災害時要援護者の避難誘導は向こう三軒両隣が助けに駆けつけます。避難はほぼ訓練どおり迅速に行われました。自治会役員にお話を伺いましたが、詳しくは河北新報（２０１１年6月24日付）が報道していますので一部引用させていただきます。

自治会が「隣組」ごとに編成した12班はそれぞれ事前に決めていた避難場所に班ごとに組織的に避難。各班の責任者に配備されたトランシーバーも安否確認や責任者同士の連絡に威力を発揮します。「迷わず、訓練通りに体が動いた」。7班責任者の衣料品店経営鈴木茂さん(56)が、地震直後の行動を振り返ります。玄関に常備していたトランシーバーを手に外に出た鈴木さんは7班の全10世帯を避難路に誘導し、体の不自由なお年寄りだけを車に乗せて避難場所へと運びました。なかには「このままうちにいたい」と避難を拒む人もいましたが、その人の親類を連れて再び迎えに行き、説得し避難させました。

「5班は大丈夫」「異常なし」。住民の安否確認を終えた各班の責任者から相次いでトランシーバーに連絡が入りました。鈴木さんは「携帯電話がつながらないなか、班ごとに安否が確認できた。トランシーバーから聞こえる声に大きな安心感があった」と振り返ります。小鯖漁港のそばで釣具店を営む小松好子さん(82)を救ったのは、近所のガソリンスタンドの男性社員の声でした。「地震の次は津波が来るから、もう一段、もう一段上がりなさい」。当時自宅にいたのは6人家族のうち小松さんだけでした。男性社員の避難を促す声に背中を押されるように、自宅裏の避難階段を夢中で上ります。午後3時10分すぎ、後ろから10メートル以上の黒い大きな波が迫ってきました。高台に上がった小松さんは、引き波で店舗を兼ねた自宅が湾内に流されるのをみます。最後尾で誘導した尾形和洋さん（34）は「お年寄りの足では、津波にのまれかねなかった。高齢者の避難に最も気を使った」といっていました。

小鯖自治会副会長の鈴木貞治さん（62）は「迅速に避難誘導できたのは、日頃の訓練のおかげ」と強調しています。12班はそれぞれ最寄りの高台を一次避難場所に指定し、経路を示した避難地図を全戸に配布、要援護者を把握するため、「住民名簿」や「家族カード」をつくり、訓練を重ねて、近所ごとに要援護者を誘導する具体的な取り組みも進めていたのです。津波で155世帯中53世帯が流失などの被害を受けましたが、一次避難場所に避難した人はすべて無事でした。浸水域は、避難地図作成のベースになった宮城県沖の想定浸水範囲「標高10メートルライン」と重なっていました。一次避難場所は標高20メートル前後の場所でした。避難場所に逃げたのは12カ所で計151人。自宅にいたほとんどの住民は助かりましたが、それでも3世帯6人が行方不明となってしまいます。住民によると、このうち1世帯3人はいったん避難路を上がったが、「忘れ物」といって自宅に戻って津波に襲われてしまいました。その家族の一人は元遠洋漁業漁船員。航海が長く日頃の訓練にあまり参加できなかったことも影響したのかもしれません。12班の責任者、後藤一郎さん（63）も行方が分からなくなってしまいました。地震発生後、後藤さんはトランシーバーで「異常なし」と仲間に連絡していました。妻光子さん（55）は、「近所の人の安否確認をした後、つないでいた愛犬を逃がすため自宅に戻ったのでは」とみています。ほかに、お年寄りと娘さんの1世帯2人が逃げ遅れ犠牲になりました。万全だったはずの備え、想定通りの津波。それでも犠牲者が出たことにショックを隠せません。住民は「津波から逃げるには、備えが要る。でも、いざとなれば何が起こるかわからない。失敗こそ教訓にして、記憶にとどめたい」と語っていました。

私は震災後に気仙沼市危機管理課のご協力を得て、小鯖自治会の聞取り調査を行いました。会長、副会長、事務局長の熱心なご説明と生々しい震災時の話を聞きながら、いくつもハッとさせられることがありました。「災害時安否確認カードは全世帯がすぐに提出してくれました」と聞いたとき、自治会を含めて地域に暮らす人と人の間にしっかりした信頼関係があることを感じました。お互いが信頼し合っていなければ毎年きちんとカードを見直し、隣組に預けることなどできはしませんし、また、何度も繰り返し防災に関するアンケート調査を実施してきたこともすごいことだと思いました。一般に行われる町内会のアンケート調査など、ついついめんどうになってしまいがちですが、この町の人たちは、自分たちを守るために委員会が一生懸命努力していることを知っていました。もう一つ驚いたことは、自治会のなかに「アンケート調査小委員会」というアンケート専門部署を設置し実施していることです。アンケートを通じて住民の声を懸命に取りこもうとする熱意が感じられました。こうしてアンケート調査を繰り返すこと、そして、アンケート調査の結果を迅速に丁寧に報告してきたこと、そしてそのアンケート結果に住民の意見を取り入れ防災対策に反映させてきたことが、この町の住民たちの防災意識啓発に大きな貢献をしてきたと思われます。防災対策は、自治会や自主防災組織の役員たちだけで作成し、住民には決定事項に従ってもらう、あるいは参加してもらうことが一般的です。そこには住民の意識がどうかとか、どんな考え方をもっているかなど忖度せず、住民達を1つの塊としてしかみていないことになります。人は一人ひとり考えも異なり、防災意識の温度差や個人差があります。そのことを念頭に置いていないと、十把一絡げで物事を進めることになり、テンションが高く気合が入っているのはいつも役員だけということになりかねません。後ろを振り返ってみたら誰もついて来ず、愕然とするのが普通です。これからの防災対策は、いや防災対策に限らずコミュニティのあり方は全員参加が一つのキーワードです。防災はひと握りの役員だけが先に百歩進むのではなく、百人が一歩ずつ進むことが大切です。「ひとりの百歩より、百人の一歩ずつ」なのです。

小鯖自治会のように、平成16年に行ったアンケートは主に状況調査でしたが、回を重ねるごとにアンケート調査の内容もより具体的な内容に深化していきます。その結果、住民の意思や考え方もきちんと取り入れられると同時に、少数の突出した意見も徐々に均されていったように思われます。アンケート調査結果報告でさまざまな意見を知ることで、共通の法則を見出すことや住民コンセンサスを得ることにおおいに役立ったのです。その活動の基本は私の提唱する「近助の精神」と同じ概念と思われます。

役員だけが作成した防災マップではなく、また、役員がお願いして出してもらう災害時安否確認カードでもなく、みんなの意思が反映されたものになっていきましたから、アンケート結果報告についても住民の関心が高く、自分の意見がどう反映されるか、他の人との違いはどうかなど、単にアンケート調査といいながらも防災に対する関心を高める役割を果たしていたといえます。上からのお下げ渡しではなく、自分たちも一定の役割をもって参画した、住民みんながつくる防災対策となっていったのだと思いました。防災は一般住民をお客さんとしてではなく、住民すべてを当事者として、参加ではなく参画してもらうことが地域防災成功の秘訣ではないかと考えます。

また、小鯖地区の特徴は、年に一度の形式的な防災訓練ではなく、実践的な一次避難場所への避難訓練、高齢者などの災害時要援護者を車に乗せて避難する災害時要援護者避難訓練などを隣組単位で行っていたことにあります。それを可能にしたのは日常の付き合いであり活動であったと思います。日常のコミュニティ活動こそ人と人の結びつきをより深く強くするものです。日常の向こう三軒両隣の付き合いが、そのまま隣組になったのです。12カ所の一次避難場所ごとに12

の隣組を編成し、大きなグループでの共助ではなく、隣組という6世帯から10世帯程度の目の届く、顔の見える範囲での助け合いが、日常生活の延長で行われたものと思われました。

東日本大震災後、被災世帯に対し「小鯖地区防災集団移転及び災害公営住宅について」のアンケート調査が２０１１年12月に行われました。そのなかで「あなたはこれからも小鯖に住みたいですか?」の質問に、回答した被災51世帯のうち47世帯が「これからも小鯖に住みたい」と答えています。残り4世帯は高齢のため地域外に住む家族と暮らすそうです。他の地域で同じアンケートをとったところ、同じ地域に住みたいといった世帯が半数に満たなかったのと比べ、小鯖の人たちは自分たちの町が、町の人たちが好きなのです。ずっと住み続けたい町、人と人の温もりと結び合いが何物にも代えがたいものなのです。小鯖はコミュニティとして、断ちがたい人と人のつながり、結び合いがしっかりしていることを証明しました。そして、防災隣組の奏功事例として、そしてまちぐるみで準備して災害を迎え撃った町として長く歴史に刻まれることになると思います。

※１　小鯖地区で震災前に行われていた日常的な主な集まり
①お茶っこ飲み会
②ミニ運動会

③映写会
④トン汁大会
⑤地域運動会（大漁旗リレーなど）
⑥お祭り
⑦盆踊り大会
⑧婦人防火クラブ
⑨消防団
⑩老人会
⑪講演会
⑫合同防災訓練
⑬自治会
⑭アンケート小委員会
⑮津波に強いまちづくり検討会

※2　東日本大震災で10メートルを超える津波に襲われながら小鯖自治会が犠牲者を最小限に抑えることができた主な要因
①防災意識を高める講演会、訓練を繰り返し実施してきたこと
②防災に係るアンケート調査を繰り返し実施していたこと
③住民の意見を聞き、取り入れ、全員参画の防災対策を推進してきたこと
④お祭り、ミニ運動会、映写会、お茶っこ飲み会など日常のコミュニティ活動で住民同士の結び

つきを強くしてきたこと
⑤自治会だけでなく、消防団、婦人防火クラブなど地域の集まりを横断して防災組織をつくったこと
⑥地域と行政（気仙沼市危機管理課、唐桑総合支所等）が密接に連携し防災対策を推進していること
⑦12カ所の一次避難場所別に、12班の防災隣組を編成し地形にあわせて避難経路を設け表示していること
⑧10メートルの津波想定に対し、海抜20メートル以上に一次避難場所を設けたこと
⑨全世帯から災害時安否確認カードが提出されていて、毎年リニューアルされていたこと
⑩役員さんたちが熱心であること、「津波に強いまちづくり検討会」などに積極的に対応していたこと

2　東京防災隣組

震災から1年を経た2012年4月15日、東京都は地域防災力の向上促進を目的として都議会議事堂の都民ホールで「東京防災隣組」第1回認定証授与式を開催しました（画像⑧参照）。認定されたのは意欲的な防災活動を行っている36団体です。あわせて地域防災向上モデル地区として荏原第一地区など4地区が指定されました。式典後、私は「防災隣組について」と題して講演し

⑧東京防災隣組第一回認定式（前列左から６番目が著者）

ましたが、そこでは地域、企業、団体などそれぞれの向こう三軒両隣の助け合い、支え合いの重要性を訴えました。会場内に漂う静かだがたしかな情熱を感じつつ「認定団体の活動をもっと広く多くの人たちに知ってもらい、各地で刺激を受けた人がさらに輪を広げていくことがこの事業のねらいです。ですから、各地へ出かけて行って自分たちの活動をおおいに自慢し宣伝してほしい。それが、防災民度向上に役立つと信じます」と結びました。地域防災力を高めるために大変意義のある、そしてきわめて重要な事業だと私は評価しています。

震災後、私は某テレビ番組で石原慎太郎都知事と対談（ユーチューブで公開されています）させていただきました。石原都知事といえば鋭い舌鋒で左右をバッタバッタと斬り捨て、あまり人の意見には耳を傾けないというイメージでしたが、お会いしてみるとまったく違いました。私の目の前には、防災関連のエピソードや提案に身を乗り出し聞き逃すまいとする日本と首都を担うにふさわしい、責任と使命感にあふれた指揮官がいました。自信に満ちた信念と垣間見せる鋭い感性、一方で率直に感情を表すなど、したたかな柔軟さと懐の大きさをひしひしと感じました。それでいてご自身の信条・琴線に触れる事柄については、決して妥協せず見逃さず断固として反論する姿勢を貫かれていました。

都知事が古い木造密集地域（以下、木密地域）に対する耐震化が進まない悩みを漏らされたので、「地震が発生すれば倒壊し、大火になる危険性のある木密地域解消のためには土地ごと買い上げて安全な防災予防住宅を建てたほうが、災害後に仮設住宅を建てたり、生活再建支援金の支給など、災害後に多額のコストをかけて被災者ケアをするよりよほど安上がりではないか」と提案したところ、「それは……どうかな。防災は自助、共助が重要で、基本は自助でしょう」と一蹴されました。想定どおりの反応でした。つまり、個人財産に係る安易な支援は結果としてモラルハザードを招きかねないというお考えでしょう。私も同感です。基本は自己責任だと思っています。特に行政の立場となればそうした考え方も理解できなくはありません。ただ、木密地域に住んでいる人の多くは、耐震改修をしたくてもできない年金暮らしの高齢者や貧しい人たちです。その人たちに自己責任だからといって多少の建替え補助金を出したくらいで木密地域解消は困難です。国と自治体が手を組んで安全な場所への集団移転や災害予防住宅などの提供を考えることも大切です。これはまったく根拠のない話ではなく、国交省は防災集団移転促進事業として災害前の移転を積極的に推進しようとしています。

実際に災害に備えた防災集団移転事業を進めようとしていた町があります。内閣府の南海トラフ震源モデル検討会で13・2メートルの津波襲来が想定される静岡県沼津市内浦重須《うちうらおもす》地区の自治会は、震災後何度も会議を開き話合いを続け、2012年3月18日の自治会定時総会で賛否を問いました。委任状を含め出席者92世帯の8割強が震災前の集団移転に賛成しました。高さ50メートルの高台に集団移転を目指すことでほぼ合意したのです。この内浦重須地区は伊豆半島の付け根、駿河湾の最奥部に位置し、海岸線が複雑に入り組んだ地形で、全107世帯、約440人のうち多くが海岸近くで暮らしています。この地区は安政東海地震（1854年）では6・2メートルの津波が襲ったと推定されており、東日本大震災を機に住民の間で津波の不安が高まり、従来海抜10メートル前後の避難場所は決まっていましたが、震災後には28メートルの場所に変えるなどもあって、全戸とはいかないまでも、有志で事業を継続する予定です。有志たちは国交省の防災集団移転促進事業の補助を求めてできるだけ早く事業を進めようとしています。国交省によりますと、災害が発生する前の予防措置として、同事業を適用しての集団移転は国内初となるそうです。今後こうした予防的集団移転は各所で推進されることになると考えられます。

これまでのように災害後の被災者生活再建支援には、約400万円の応急仮設住宅建設など、国家予算が投じられる額は1世帯当り平均2500万円以上と試算されています。400万円かけた応急仮設住宅を原則2年後には壊すのももったいないと思っています。これこそ国家の損失ではないかと考えます。災害後にそういう費用をかけるより事前に対策することのほうが、人命や財産だけでなく、コミュニティまでも失わずにすむのです。序章の「近助の精神」で述べたように「自分でできることは自分で対応する」ことが基本原則です。しかし、年金暮らしの人が自ら木密地域解消に寄与することは困難です。そして、いったん災害が発生すれば、その人たちの生死を左右する危険性があるのです。木密危険地域解消のために国と都が力をあわせ、一定条件下で土地と建物を買い上げ、災害予防住宅建設という選択肢もあると今でも考えています。

石原都知事との対談でいちばん盛り上がったのは私が提唱している「近助の精神」と防災隣組の話でした。イザというとき、みんなが逃げたら誰が火を消すのか、誰が生き埋めの人を助けるのか。津波や土砂災害など二次災害のおそれがある場合は直ちに安全な場所に脱出すべきだが、揺れが収まり身の安全が確保できたらそこに踏みとどまって闘う。不条理な災害に対峙し逃げたり諦めたりせず災害を迎え撃つことなど。自分や家族は自分で守り、自分たちの町は自分たちで守るセルフディフェンス、逃げる防災から闘う防災などの話をしました。向こう三軒両隣の助け合い、隣組がきわめて重要という結論となったのです。

それがきっかけかどうかわかりませんが、都の震災対策指針にも「防災隣組の推進を図る」という項目が入り、翌年4月の東京防災隣組の認定につながっていきます。そのとき認定された36

団体はすでに多くの活動実績を残している団体ばかりです。この活動実績は、全国で防災隣組を推進しておられる方、これから結成あるいはもっと活性化を図ろうとされる意欲ある皆さまへのご参考となると考え、第1回東京防災隣組認定団体（36団体）とその主な活動を紹介します。

(1) 企業間の連携

企業防災隣組（東京駅・有楽町駅周辺地区帰宅困難者対策地域協力会）

この企業防災隣組は、東京駅および有楽町周辺企業等67団体で構成されています。２００２年10月、三菱地所、ＪＲ東日本、東京電力、ＮＴＴ東日本など周辺企業が集まり東京駅周辺・防災対策のあり方検討委員会（委員長・伊藤滋東京大学名誉教授）が開かれます（エリアとしては大手町、丸の内、内幸町、有楽町周辺地域）。テーマとなったのは「帰宅困難者と企業セキュリティ」において、地元企業組織が地区の防災活動に対応する必要性が指摘され、東京駅周辺防災隣組の設立活動を開始します。２００４年1月、千代田区環境安全部防災対策課から、東京駅・有楽町駅周辺地区帰宅困難者対策地域協力会として行政上の位置づけを受け今日に至っています。月1回程度の総会を中心に、講演会、啓蒙活動、千代田区帰宅困難者避難訓練への参加、ＢＲＰ（事業統括要綱：Business Ruling Platform）による活動企画の掲示を通じ、地区の安全性を世界に発信することを目標に活動を展開しています。

この地域は昼夜人口差の激しい地域です。千代田区は中央に皇居があり、国会、首相官邸、中央省庁、最高裁判所などの三権をはじめとする日本の首都機能、主要政党など国家権力の中枢が集中している地域です。こうした永田町、霞が関という官庁街とともに、丸の内、大手町、日比谷などは大手製造業、大手総合商社など巨大企業の本社が集中している場所で30万人〜40万人が働いているといわれています。さらに、東京駅、秋葉原、神田駿河台など全国から人が集まる電気街、劇場、百貨店、大型商業施設、野球場などホットプレイスといわれる地域も抱えており、夜間人口は4万4000人と、東京23区で最も少ない人口ですが、昼間人口は19倍の約85万人〜100万人にまで膨張する特異な都市の一つです。特に東京駅周辺には買い物客、ビジネスマン、外国人を含む観光客などが集中し災害が発生すると約200万人の帰宅困難者が集まると推定されています。当初は各社の防災マニュアルの策定と周辺の防犯などが話し合われましたが、国の機関、東京都、千代田区、自治会、自主防災組織などと連携し、大量の帰宅困難者を支援することが主目的となっていきました。

企業防災隣組は、組織も「防災まちづくり部」「安否・被害情報部」「帰宅誘導部」「救急救護部」「食料・飲料水配布部」「支援要請部」「行政機関情報収集部」「ボランティア統括部」など帰宅困難者支援にシフトした体制となっています。各企業および建物ごとに従来はシャッターを閉めていたものを、帰宅困難者を受け入れるためにシャッターを開き、受入れスペースとしての

「開放ゾーン」と関係者以外立入り禁止とする「スタッフゾーン」を明確にするなど、助ける側に立ち位置を変えています。毎年行う訓練と合わせ外国人対象の防災訓練の実施などさまざまな活動をしているなかで特筆すべきは、行政および防災関係機関と連携して帰宅困難者たちへリアルタイムで情報を提供しようとしていることです。エリアメールで地域情報を流し、IP電話などの災害時第二通信網を利用して避難所や支援情報を迅速に提供し、混乱を最小限に抑制することを目指しています。千代田区では皇居前広場などに大画面の液晶スクリーンで情報を伝えるほか、今後は民間ビルの壁面に画像を映し出すパブリックビューイングやコンビニ店頭にテロップを流すことなどを進めるとしています。

いままで企業は自社とサプライチェーンなどグループの事業継続を最優先としてBCPを策定しBCP発動訓練をしてきました。しかし、東日本大震災では被災の有無にかかわらず企業が何をしたか、何をしなかったかが問われました。特に災害直後の対応はその企業の社会に対する姿勢やポリシーを示すものとなってきています。このように企業防災隣組として、単に個人や地域だけではなく、今後は企業の災害時CSR（社会貢献）事業計画として重要な位置づけになると思われます。東京駅・有楽町駅周辺地区の企業防災隣組の特徴は、単に企業だけでなく、行政や地域と密接に連携して対応している点です。これからは個々の企業が自社グループだけを基準として事業継続を図るのは困難です。点や線の防災ではなく面で対応する対策が求められます。つまり、ＢＣＰからＣＣＰにシフトして、企業は行政や地域などと連携したコミュニティの一員（企業市民）としての役割が求められているのです。

とはいっても、テナントとして入居している企業が、たとえ災害時といえどもそのビルやオフィスを、帰宅困難者対策として勝手に利用することはむずかしいことも事実です。ですから、オーナーが率先して一定の条件下における緊急避難措置としてビルごとに対応できるルールをあらかじめ定めておく必要があります。自治体は帰宅困難者や被災者を受け入れやすくするために、ビルの関係者（所有者、管理者、占有者）に働きかけあらかじめ研修会を開き、実情を理解してもらうと同時に正式文書を交しておく必要があります。

⑵ 事業所と町会が連携した団体と主な取組み例

①富士見・飯田橋駅周辺地区帰宅困難者対策地域協力会（千代田区）

・町会、企業に加え、病院、ホテル、大学、神社などが参加
・災害時要援護者に対する訓練を実施
・町会や企業等が、地域の災害時における問題点等、情報を共有化
・ホームページを開設し情報を発信
・千代田区とともに帰宅困難者防災訓練を年に１回主催

・防災講演会、救命講習を実施

②四ツ谷駅周辺地区帰宅困難者対策地域協力会（千代田区）

・町会、企業に加え、大学、ホテル、教会、大使館等が参加

・地元の大学生（上智大学）の協力・参加により、帰宅困難者に対する実働支援訓練を実施

・町会と企業等とが、地域の災害時における問題点など、情報を共有化

・ホームページを開設し情報を発信

・千代田区とともに帰宅困難者防災訓練を年1回実施

③秋葉原駅周辺地区帰宅困難者対策地域協力会（千代田区）

・商店街を中心に、ビルオーナー会社、ターミナル駅などが参加

・ターミナル駅等を使い、利用者保護、誘導訓練、搬送訓練等、地域で独自に実施し、防災意識を啓発

・町会企業等の情報共有化を図り、地域の災害時の問題点を把握

・千代田区とともに帰宅困難者防災訓練を年1回実施

④秋葉原東部町会連合会、社会福祉法人三井記念病院（千代田区）

・8町会と三井記念病院との間で広域に及ぶ災害時相互応援協定を締結

・地域の企業や消防団等と連携した訓練を実施

・災害時の保有資機材を相互に提供
・訓練時において、町会内の若者に対して参加呼びかけ
・大規模な訓練を地域内の事業所を含めて年1回実施し、協力体制を検証
・災害時要援護者への支援にも配慮

⑤日本橋3丁目西町会（中央区）
・地元40社とともに「防災助け合い宣言」を宣誓
・「正確な情報の受信・発信」を目指して、緊急用ライブカメラを設置
・情報ネットワーク構築による情報発信訓練を実施
・独自の地域災害対策本部を立ち上げ、危険度や安否情報を集中管理
・地元の事業所と震災対策防災協議会を設置し、年に10回ほどミーティングを実施、日頃から連携を強化

⑥銀座震災対策委員会（中央区）
・2つの連合町会と区域内の事業所が連携
・観光客や買い物客を対象に5000人規模の帰宅困難者対策訓練、避難誘導訓練実施、エレベーターからの救出訓練を実施
・委員会と地域の事業者で合同会議を開催

・地域住民の防災訓練と事業所の自衛消防訓練を民間主導で同時に実施

⑦柳橋防災団（台東区）

・防災団を中心に、町会、近隣ホテル、事業者との間で災害時の人員派遣協力と資機材の提供に関する協定を締結

・ホームページ、かわら版で住民に周知

・東日本大震災時は、一時集合場所での安否確認、戸別訪問をし建物の被害状況確認を実施

・被災地支援として3日間、石巻市へボランティア派遣

⑧六郷地区自治会連合会（大田区）

・地域独自の要援護者名簿を作成

・各種福祉関係団体と連携して、定期的に研修会を実施

・五つの災害時要援護者施設と自治会との間で、応援協定を締結

・全15自治会が市民消火隊を編成、連合会全体で訓練成果発表会を毎年実施

・各自治会で連携訓練を実施

・まちなか訓練に被災建物を設定した発災対応型訓練を採用

⑨古市町会（大田区）

・町会独自の様式を用いて調査を実施、70名の災害時要援護者の状況を把握し、平時から見

守りを実施
・既往症等を記載した「救急安心シート」を購入し、高齢者世帯等に配布
・「地元のお祭り」への参加を促すことで、高齢者等の「見守り」活動を実施
・町会役員等が災害時要援護者宅を訪問し、防火防災診断を実施
・昭和27年4月から現在まで防災対策委員会を毎月1回開催
⑩社会福祉法人恩賜財団東京都同胞援護会昭和郷、昭島市自治会連合会第4ブロック地区自治会（昭島市）
・災害時要援護者の救護対策として、社会福祉法人と地区自治会とが協定を締結し、防災訓練を実施
・子ども会を中心に、防火・防犯に関する知識を普及啓発
・地域と社会福祉法人の交流を図るため、納涼会、昭和郷フェスティバルを実施

(3) 町会と地域コミュニティとの連携

①大井滝王子町会滝王子婦人消火隊（消防活動困難地域における婦人消火隊の活動）（品川区）
・通常の防火防災訓練だけではなく、地域の催し（サマーフェスティバル等）でも防火防災訓練を実施

・地域の防災リーダーとして住民への防火防災指導を実施し、地域の防災行動力を向上
・大井消防署滝王子出張所や公園で19年以上毎月1回訓練を実施
・中学校に出向いて、D級ポンプの取扱いを指導
②浜川中学校避難所連絡会（木造住宅密集地域の住民が世代を超えて行う防災活動）（品川区）
・中学生への総合防災教育を地域の町会・PTAが実践、生徒たちも訓練を通じて社会性を学習
・避難所となる学校の設備（電源、倉庫、防火水槽）の配置図を作成
・備蓄倉庫の定期点検を17年にわたり実施
・総合防災訓練では初期消火訓練のほか、生徒によるミニポンプ操法の展示を実施
③南大塚防災まちづくりの会（まち歩きで課題抽出し、災害に強いまちづくりに活かす）（豊島区）
・震災に備えた防災、復興の視点でのまち歩きを行い、防災課題について話合いを実施
・南大塚防災まちづくりの会内で防災講座を実施、チラシを掲示、回覧板や通知書等参加者を広く呼びかけ
・まちづくり協議会を年5回実施、毎年度末に報告ニュースを発行
・小中学生を対象にワークショップを実施し、防災知識を普及
④神谷2丁目南町会（60年以上続けている防災活動）（北区）

・「自分たちのまちは自分たちで守る」を合言葉に、「3ない運動」を実施
・安否確認を中心とした発災型訓練に取り組み、そのなかで災害時要援護者の救護訓練や炊き出しなどを実施
・平成4年から総合的な防火防災訓練を毎年実施
・防災週間に実施される神谷地区連合町会の防災訓練に参加
・昭和27年に結成されてから、すでに60年目を迎えた

⑤東新小岩七町目町会（海抜ゼロメートル地域における水防対策）（葛飾区）
・大規模水害に備え、町会予算で船外機付き救命ゴムボートを購入し、水防避難救出訓練を実施
・NPOや大学の研究者と連携し、シンポジウムを平成15年から8回開催
・町会ホームページを開設し、フォトアルバムを用いて防災活動の情報を発信
・災害・減災（地震と水害）計画を策定
・防災マップの全戸配布や、災害時要援護者ファイル等を整備

⑦境南地域防災懇談会（町会のない地域での自主防災立ち上げ）（武蔵野市）
・町会が存在しない地域で22団体が中心となり、避難所運営を目的とした自主防災組織を結成

・小学校の体育館で児童・生徒と共に宿泊訓練を実施
・地域住民同士の安否確認・救助救出訓練を実施
・PTA等に対し積極的に訓練や防災活動への参加を促し、防災啓発や組織を活性化
・同地域にある武蔵野赤十字病院・市医師会等と医療連携訓練を実施

⑧萩山町地域懇談会（町会、PTA、福祉協力員会などが連携）（東村山市）

・町会、PTA、福祉協力員会など地域内のさまざまな主体が知恵を出し合い防災対策マニュアルを作成
・防災訓練の実施に際し、地域内小中学校PTAに呼びかけ参加を促進
・地域内の危険個所を調査し「萩山町防災マップ」を作成、全戸配布
・「緊急時身分証明書」「緊急連絡先」をカード化し、全戸配布
・全体会議を年2回開催。防災訓練実行委員会を毎年開催し、訓練内容を検討

⑨南街・桜が丘地域防災協議会（マンション住民と地元住民とが共同で防災活動）（東大和市）

・新設マンションの住民が地元住民と一体となって防災活動を展開
・PTAと共同で訓練等を実施することで、若い世代の参加を促進
・消防設備・救急設備などを記載した地域マップ作成
・総合防災訓練を市、学校、消防署等と共同で毎年実施

・各自治会で応急救護訓練を年数回実施

⑩増戸地区防災・安心地域委員会（逃げ遅れ防止のための独自住民リスト作成）（あきる野市）

・平常時から地域内の住民リストを作成し、災害時には安否確認を実施する体制を構築

・地域における祭礼や盆踊りなどの際、来場者に対しても自主防災組織、自治会への加入を勧誘

・図上訓練でリスクを洗い出し、地域を歩きながらの現地確認調査を実施

・逃げ遅れを想定し、逃げ遅れた人の家への訪問など安否確認を実施

・独自の災害時要援護者リストを作成

(4) 地域住民間の連携

①榎町地区町会連合会（地域イベントを活用した防災意識啓発）（新宿区）

・えのき結フェスタ、えのき防災環境フェスタなどを開催し、防災講演や避難所体験、防災啓発を実施

・地区協議会と共催で防災ワークショップを開催

・災害時要援護者対策にも活用できる「防災福祉マップ」を作成

・地域内の避難所すべてで防災訓練を毎年実施

・町会連合会の研修旅行において防災ディスカッションを実施
②本郷5丁目町会（木造住宅密集地域におけるスタンドパイプを活用した防災活動）（文京区）
・夜警等を実施し、地域内の状況確認を行い、危険個所を把握
・区が作成した災害時要援護者名簿を、災害時の避難誘導等に活用
・非常時には誰もが防災活動に活躍できるように訓練を実施
③SYM三町会災害連合会（3町会が協力し防災対策マニュアル作成）（文京区）
・何世代にもわたる住民が多く、自助、共助の意識が高い下町ならではの活動
・発災時の安否確認の基礎資料となる、家族構成等を記載した名簿を作成
・地域や商店街のイベントで防災コーナーを設けるなど、防災意識を啓発
・地域防災マニュアルを作成し、防災訓練等の結果をふまえ、定期的に改訂
・地域内のマンション等とともに、実戦的な災害時要援護者対策訓練を実施
・東日本大震災時には避難所の湯島小学校に駆けつけ、避難者に対応
④谷中まちづくり協議会防災対策部会（行政区の枠を超えて行う合同防災訓練）（台東区）
・隣接の文京区千駄木地区と、区の枠を超えた合同防災訓練を実施
・避難所運営マニュアル、防災マップ等を作成
・防災訓練部会を月1回開催し、情報を共有

・「谷中まつり」で起震車を活用し防災意識を喚起
・発災時の各町会間の情報伝達手段として、無線機を購入
・谷中カード（緊急連絡先等記載）を作成・携帯
⑤隅田西町会（逃げ遅れゼロを目指した下町の思いやり防災活動）（墨田区）
・防災会議を毎月定例的に開催し、情報交換を行い防災マップを更新
・「災害時要援護者サポート隊」を約50名で編成
・要援護者の具体的な情報を色分けし、「防災マップ」に記入。短時間で安否確認できるよう編集
・「防災まち歩き」を実施し、避難経路等を確認
・年1回近隣町会・自治会と合同防災訓練を実施
・年4回防災情報を掲載した広報誌を発刊
⑥江東区亀戸町会連合会（近隣町会・自治会との相互扶助体制）（江東区）
・地区全体で災害に対応するためのマニュアル・マップを整備
・近隣町会・自治会が相互に応援に駆けつけ、安否確認・避難誘導する体制を構築（20町会・自治会）
・各町会・自治会が保有する資機材を、災害時に相互提供する体制を構築

・防災マップを江東区の他の町会連合会にも配布
・亀戸地区夏まつりにおいて煙発生体験等を実施

⑦小山7丁目町会（要援護者のための見守りネットワーク）（品川区）

・1人の要援護者に3人の支援者が昼夜で対応する体制を構築予定
・パソコンで住宅地図上に「災害時要援護者」「支援する人」がひと目でわかるようにシステムを構築、災害発生時の安否確認や避難支援等に活用
・町会全世帯を対象としたアンケートを実施し、84パーセントの方から助け合いの仕組みが必要との回答を得て、助け合い見守りマップづくりに着手
・ミニポンプ隊を結成して定例的に訓練を実施

⑧中央4丁目町会（地元総合病院と相互応援協定を締結、災害時の入院患者の誘導支援を行う）（大田区）

・地元総合病院（大森赤十字病院）と「相互応援協定」を締結し、合同防災訓練を実施
・14年間にわたり、市民消火隊の活動訓練および定例防災会議を毎月実施
・町会役員が災害時要援護者に対し、日頃から見守り活動を実施
・中学生と消防団との合同放水訓練や中学生の応急救護訓練を実施
・防災ＤＶＤ勉強会を実施

⑨西尾久4丁目町会区民レスキュー隊（木造密集地域における区民レスキュー隊）（荒川区）
・町会を4ブロックに分け、ブロックごとに区民レスキュー隊1隊を編成（4隊112名）
・4種類の訓練内容をローテーションで毎月実施
・要援護者支援訓練を毎年実施、総合訓練を年4回実施
・毎年の地域防災訓練で避難経路や危険個所を確認
・倒壊建物からの救出のため町会でフォークリフト等資機材を保有
⑩仲宿睦町会、仲宿東町会、宮元振興会、板橋3丁目町会、金沢自治会（震災時を想定し木造住宅密集地域における町会の枠を超えた消火活動）（板橋区）
・町会単位での訓練では地域を守ることができないとの考えから、町会・支部の枠を超えた訓練を実施、問題点を抽出
・20回を超える町会・自治会と関係機関との打合せによる地域実態に即した訓練
・定期役員会を毎月開催し情報を共有
・訓練の周知には回覧板・チラシなどを活用し、多くの住民の参加を促進
⑪恩方地区防災協議会（災害時道路が遮断される危険性のある地域における災害時協力体制）（八王子市）
・13町会で恩方地区防災協議会を結成

・恩方地区総合防災訓練を毎年開催（1000名を超える参加者）
・総合防災訓練への参加促進のためチラシを各戸配布および町会内掲示
・互いに顔の見える関係を構築するための訓練打合せを実施
・八王子福祉園、永寿会の4施設と相互応援協定を締結
・応急救護訓練などのほか小中学生に対する防災啓発を実施

⑫井の頭玉川町会（きめ細かな災害時要援護者支援）（三鷹市）
・地域の災害時要援護者を把握し、支援台帳および支援マップを作成、支援ネットワークを構築
・防災訓練を毎年実施、災害時要援護者の防災訓練への参加を支援
・防災対策マニュアル、要援護者対応マニュアルを作成
・町会の祭りの際に防災啓発品を配布して普及啓発を実施
・東日本大震災の際に、要介護者に対して電話による安否確認を実施

⑬南町田自主防災組織（黄色い旗を使用した安否確認などユニークな防災活動）（町田市）
・黄色い旗を用いた安否確認方法を整備
・「いも煮会」において防災訓練を併催するなど、幅広い普及活動を実施
・組織独自で研修等を企画・開催

・水害時を想定した行動マニュアル、高低差等を記した洪水時の避難マップの作成
・自治会員の枠を超えて自主防災組織の会員を構成
・小学校と避難所連絡会を年複数回開催し、避難所開設・運営マニュアルを作成
⑭都営聖ヶ丘1丁目アパート自治会（毎日見守りパトロール実施）（多摩市）
・毎日見守りパトロールを実施し、災害時要援護者を把握
・独自の要援護者リストを作成
・緊急時に対応してくれる若い人材を把握
・おんぶひもでの救護対策またはロープでの脱出法の取組みを実施
・イベント行事に、防災パンフレット配布や防災推進の講話を実施
・近隣との合同防災訓練を毎年実施し、初期消火、要援護者救護訓練、応急救護法等を普及
⑮羽村市町内会連合会（中学生を活用した災害時要援護者の安否確認）（羽村市）
・「地域の防災マップ」を作成し、会員世帯に配布（避難の仕方、ルートの確認）
・町内会ごとに中学生が要援護者の安否確認訓練を実施
・市の夏祭りなどにブースを出展し、地域のつながりが災害に強いまちづくりにつながることを積極的にＰＲ
・防災リーダー講習会を毎年開催

・初期消火活動の習熟訓練を年数回実施

このように企業、地域、行政などが連携し、災害時に外国人に対しての支援体制や助け合う防災隣組が活動していることは、大変心強い気がします。首都直下地震の発生確率が取りざたされ、世界の大都市のなかで際立って自然災害リスクが高いとされる東京です。ですから決して安全とはいえませんが、安心できる街になることができると思います。そして、こうした活動を世界に積極的に発信しアピールすることは国益にもつながると思います。

企業間連携しての企業防災隣組としては、「京橋1丁目災害協議会」が第1回東京防災隣組に認定されています。京橋1丁目災害協議会（東京都中央区）は、京橋の5つの近接事業所が密接に連携している次のようなユニークな取組みです。

●5つの事業所が主体となって、周辺3町会と連携し、従業員と住民が一体となり訓練を実施
●ビル火災を想定し、屋上避難橋を活用した渡橋避難訓練を実施
●各社が相互に協力して避難誘導、消火、救出、救護、必要な資機材の貸与、ライフライン復旧支援などを行う相互応援協定を締結

京橋1丁目災害協議会は、隣接するビルの屋上間に渡した屋上避難橋を架けて避難しようというアイデアから始まりました。特にビルの低層階から出火した場合、高層にいる人たちが迅速に

かつ安全に避難できない危険性があるとして、近接ビル同士が話し合って屋上から隣接ビル屋上への避難路をつくることを考え出したのです。大変ユニークな避難経路だと思います。都市のビル街における災害対策としてはこうしたビル同士、企業同士の結びつき連帯が重要です。それを具体的に実践されておられる5つの企業に敬服します。

恩方地区防災協議会

東京都心から40キロメートル西方の多摩地域南部に位置する八王子市（人口58万1301人）は、地域防災計画の一環として町会ごとに「自主防災隊」の組織化を進めています。町会自治会・管理組合等を含め545団体のうち389団体が組織化されています。そのなかの恩方地区防災協議会が第1回東京防災隣組に認定されました。恩方地区には31の町会があり、加入世帯は4020世帯でそのうち恩方地区防災協議会に加入している町会は13町会、3152世帯です。つまり、町会ごとに組織された自主防災組織同士集まって協議会を造って活動しているということです。この防災協議会発足のきっかけは、平成4年～5年頃、八王子市から各町会内に自主防災隊を組織するように指導があり、逐次町会に自主防災組織がつくられたことにあります。平成6年に周辺の町会が集まり「互いに協力して組織化しよう」と「恩方地区防災協議会」が結成されます。

平成8年に協議会は、地区内にある「東京都八王子福祉園」及び「医療法人永寿会恩方病院」と「災害活動相互応援協定」を結び、真に地域ぐるみの協議会となります。その後6町会が加わり13町会が構成員となります。主な活動は「小田野中央公園」で実施する総合防災訓練がメインですが、防災に関する啓発活動も力を入れており、地区内の小中学校長やＰＴＡ会長などにも防災訓練の参加を依頼したり「市民センター祭り」では、防災や住宅用火災報知機の設置を呼びかけるビラ配りや防災協議会に未加入の町会に加入要請なども行っています。イザというときは公助だけに頼れないことを念頭に、初期消火訓練、倒壊家屋救出搬送訓練、緊急通報訓練、応急救護訓練、ロープ操作訓練のほか、炊き出し、煙体験、起震車体験なども実施しています。これまでの訓練を通じて各町会との交流が深まっていて、地域の夏祭りにも互いに顔を出すなどの地域の親密度が高まってきたそうです。

私がこの団体の特徴として評価するのは、町会同士が点でなく面として連携しようとしていることです。そして、面的な協力体制があるからこそ、地域内の福祉施設と災害活動相互応援協定を結べるのではないかと思うのです。たとえば八王子福祉園は１６０人の重度の知的障がい者などが入所し、生活介護事業利用者等も利用する福祉施設です。また、医療法人永寿会恩方病院は精神障がい者病床３８５床、一般病床85床の大きな病院です。この二つの医療施設と地域防災協議会が応援協定を結んだ意味はきわめて大きく意義深いものがあると思われます。こうした福祉施設の入所者の多くは自力での避難が困難な状況にあります。東日本大震災で明らかになったように、突発的災害が発生した場合、それぞれの施設職員だけで短時間に安全な場所への避難誘導は容易ではありません。そのときに、恩方の各自主防災隊から応援に駆けつけ避難誘導を支援するのです。自分たちの町会のことだけでなく、同じ地域の仲間として病院入所者も運命共同体と考えたものと推察しています。

災害は地震だけではありません。水害、土砂災害、火災などでもこうした応援協定のモデルとなると思っています。これこそが近助の精神と高く評価すべきです。八王子は「千人同心」の町です。北条氏の支城八王子城が豊臣方により落城したあと、徳川家康は関東入国に際し甲斐、武蔵の国境警備の重要拠点と位置づけ、旧甲斐武田氏の家臣とその配下250人を八王子城下の治安維持と甲州街道の警備のため、落城後まもなく八王子城下に配備しました。これが八王子千人同心の始まりといわれています。その後、多摩周辺の豪農・地侍で補強し治安維持にあたっています。徳川家康が江戸城を築城するにあたり、甲州街道（現新宿通り）の突き当たる半蔵門を搦め手門として、もし江戸城が落ちた場合は半蔵門から甲州街道を一気に走り、八王子から甲府へ落ち延び再起を図ることをあらかじめ想定し周到に準備していたのです。10組・各100人で編成され、各組には千人同心組頭がおかれ、旗本身分の八王子千人頭によって統率され、槍奉行の支配下にありました。千人頭は二百～五百石取りの旗本、組頭は御家人として遇され、禄高は10

俵1人扶持～30俵1人扶持の手当てでした。千人同心は平時は農耕に従事し、命令により武器をとり警備を主任務とする軍事組織でした。つまり年貢も納める半士半農の立場にあって、八王子の甲州街道と神馬海道の分岐点（現在の八王子市千人町）に広大な敷地が与えられていました。「同心」とは、同じ志をもって一致団結するという意味です。目的はまったく異なりますが、八王子恩方地区防災協議会には脈々と千人同心の心が受け継がれているのではないかと考えています。

※3　「企業防災隣組（東京駅・有楽町周辺地区、帰宅困難者対策地域協力会）の主な活動」

〔平　時〕

- 丸の内警察防犯情報の配信
- 外国人帰宅困難者避難訓練
- 防災情報システム導入・習熟
- 防犯パトロール
- 防災計画策定・改定
- 資機材・食料の備蓄
- 啓発広報（シンポジウム・講演会・視察会等）
- 防災訓練（毎年1月17日開催）
- オフィス街らしいリスクマネジメントのあり方・視点

・世界の厳しい視線への対応（東京の自然災害リスクは世界一かつ極端に高い）
・国内都市間競争への対応（安全・安心な街としてアピール）
・新しい取組み（国民保護、テロ、有事、防犯）
・ＢＣＰ／ＤＣＰ（ブラックアウトしない電源、帰宅・避難経路、緊急物資搬送、車両通行等）
・ＢＲＰ（Business Ruling Platform）防災対策をビジネスとして展開する場の設定

〔非常時〕
● 安否・被害情報収集・伝達（防災情報システム）
● 帰宅誘導（帰宅経路案内）
● 応急救護
● 食料・飲料水配布（備蓄倉庫・貯水槽からの搬出・配布）
● 支援要請（区災害対策本部連絡）
● ボランティア統括
● 国等行政情報収集

3　死ぬまで住みたいまちを目指す「おとなり場」

神奈川県のほぼ中央、横浜市の西の端に位置する人口約12万６３００人のまち、縄文時代の遺跡50カ所と弥生時代遺跡９カ所、古墳時代遺跡25カ所がある古い歴史あるまち横浜市瀬谷区。そ

⑨横浜市瀬谷区・阿久和北部地区の街並み

のなかの閑静な住宅街に阿久和北部地区があります（画像⑨参照）。この阿久和北部地区こそ究極の防災隣組の活動を積極的に推進しているまちなのです。隣組の名は「おとなり場」（画像⑩⑪参照）。このまちが目指すのは「死ぬまでずっと住みたいまち」です。私はこの「おとなり場」を中心になって推進されている清水さんに出会って「素敵な人だな」と思いました。私もこれまでたくさんの自治会活動や自主防災活動をみてきていますが、これほどあったかい、人間味のある、そして話していてほっとする人に出会ったことがありません。長屋門公園の入り口、長屋門脇にある事務室に座って艶然とほほ笑む姿をみて思わずドキッとしてしまいました。

阿久和北部地区は約900世帯、約2700人が住む町です。ほとんどが一戸建ての閑静な住宅街で、一帯には長屋門都市緑地があり、住み心地のよ

おとなり場カード(記入例)

このカードは、地震・火事などの災害が発生した時に、皆さんの状況を確認し、救助のために使用するものです。

おとなり場リーダー　田中三郎

Aブロック　1組　自宅以外の連絡先電話番号０００－０００－００００

在住者名	在宅の状況（在宅＝○　不在＝×）				該当者に○を		避難時に手助けが必要な人	災害時の状況
	平日昼間	平日夜間	休日昼間	休日夜間	65歳以上	幼児		
谷戸　太郎	×	○	○	○				
花子	×	○	×	○				
一郎	×	×	○	○				
梅子	○	○	○	○				
加奈	○	○	○	○		○	○ 乳児	
誠	○	○	○	○	○		○ 車椅子	

1．カードは住居毎に作成します。従って２世帯が同居している場合も全員を１枚のカードに記載します。
2．「在宅の状況」は通常、主としている状況を基準にします。
3．「災害時の状況」には何も書かないで下さい。
4．記載の内容に変更があった場合は、新たに作成しおとなり場リーダーに提出して下さい。
5．このカードは２枚作成し、１枚は自治会に、１枚はおとなり場リーダーに提出。
毎年新たに提出してください。

⑩阿久和北部地区の「おとなり場カード」

災害時安否確認カード「おとなり場カード」について

災害時に避難や安否確認がスムースに行われるためには、近隣の助け合いが最も重要であることは近年の震災現場で実証済です。

壊れた家から救い出しをしたのは消防や救援隊ではない近隣住民、避難困難な人の安否を確認し避難させたのも近隣住民。いざとなった時、近隣の助け合いが如何に大切かを改めて感じさせられます。

谷戸自治会では、全ての会員の皆さんが無事に避難できますようにと、自治会単位ではなく、一番身近な単位である「組」毎の避難活動を実践することにしました。

先ず組毎に身近で安全な避難場所（駐車場、お墓、公園、畑、空き地等々）を決めそこを「おとなり場」とします。組の会員の中から「おとなり場リーダー」を決めます。この「おとなり場リーダー」が別紙の「おとなり場カード」等を保管し、カードに基づき組内の会員の安否確認等をします。手助けが必要な人や避難していない人をいち早く把握し、皆で助けることが出来ます。このカードは、日頃の見守り合いにも必要となります。ご協力下さい。

⑪災害時安否確認カード「おとなり場カード」の説明（阿久和北部地区）

さそうな町です。瀬谷区は横浜市ですが、神奈川県（大和市）と東京都（町田市）との県都境に位置しています。瀬谷区には社会福祉協議会がありますが、その傘下にある阿久和北部地区社会福祉協議会（以下、阿久和北部社協という）は独自の活動と地区が推進する「おとなり場」活動と密接に連動して行事を推進しています。その理由は阿久和北部地区社協の会長も清水靖枝さんが兼ねているからです。阿久和北部社協の主な年間行事一覧は次のとおりです（ちなみに、阿久和北部地区とは阿久和東1丁目、阿久和2丁目、阿久和西1丁目、阿久和西2丁目）。

(1)　阿久和北部地区社協が平成22年度に行った取組み

調査・広報活動

①見守りネットワーク実行委員会（新しいかたちのコミュニティ拠点づくりの検討を作業部会にて実施（まち普請事業申請に向けて））
②各種行事やイベント情報（町内会掲示板、チラシ、タウンニュースへ掲載等）

研修・講座の開催

①講演会（見守りの大切さ）
②研修（障がい児に関する研修会）

交流・啓発事業

①敬老寄席
②喫茶だんらん（誰でも来られるサロン）（毎月第三土曜日、年10回開催）
③三世代交流「あそびのフェスティバル」（中学校体育館）
④夏休み映画会（子どもから大人まで映画を楽しむ）
⑤ウォークラリー（阿久和北部地区内にて開催）
⑥運動会（中学校校庭）
⑦各種スポーツ大会（バレーボール大会、ソフトボール大会、グランドゴルフ大会（シニア））
⑧見守り合いのつどい（中学校を会場にエリア内各種団体の活動パネル展示、見守りについてのシンポジウム開催、模擬店出店、中学生作文コンクール表彰）
⑨さとまつり（三ツ境地区や関係機関と連携した障がいのある人も楽しめる地域交流イベント）
⑩灯篭まつり（三ツ境地区や関係機関と連携し、三ツ境商店街から長屋門公園への道沿いの灯篭を楽しむ地域イベント）
⑪あいさつ標語と幟旗掲出（小中学生によるあいさつ標語募集と幟旗作成）

子育て支援事業

①子育ておしゃべり会（年6回開催）

②あくわキッズ北（年6回開催）

高齢者支援事業

①一人暮らし高齢者会食会（年6回開催、1回平均60名参加）

②高齢者への配食サービス活動（年46回）

③ミニ・デイサービス（年11回）

④見守り合いシステム構築（お隣同士の見守り合いを自治会ごとに検討・実施）

その他

おやじのひろば（定年後の男性の地域活動のきっかけづくりの場、毎月第三土曜日）

1年間の主な活動実績をみて驚くのは、内容の濃い行事をたくさん行っていることです。瀬谷区内の他地区の社協の活動実績は10項目から12項目ですが、阿久和北部社協だけは約2倍の22事業も実施しています。もちろん事業の数だけで活性度を図るのは早計ですが、その内容の一つひとつがユニークであるばかりか充実していて参加者数の多さがそれを証明しています。

社協というと主に高齢者と障がい者を対象とした事業が多いのですが、阿久和北部地区社協の場合は子どもから大人までがみんなで楽しめるように幅広い行事が組み込まれているのです。そのなかで大きな柱は「子ども」「見守り」「子育て支援」「高齢者支援」の事業と、それを支えるグループの集いが企画されていることです。詳細に事業内容をみてみますと、それぞれの目的が明らかになっており、きちんとした企画に基づいて進められていることに気づきます。それだけ、人手、時間、エネルギーを必要とする事業ばかりです。どんなにいい事業でも、それを支える足腰がしっかりしていなければ絵に描いた餅でしかありません。阿久和北部地区社協の活動内容はコミュニティのテーマというか、あるべき姿が明確にされ一貫性をもっているように思われます。それは、まち全体を俯瞰してみている1人の優れた監督が気配り目配りし、指揮をしているからだと思います。そのコーディネーターが清水さんです。その清水さんの高潔なゆるぎない信条は次の言葉に示されています。

人は1人では生きていけません。お互いに助け・助けられ、ときには迷惑をかけ合い、〝お互い様〟のなかで生きていくのだと思います。基本は〝できる限り自分のことは自分で〟です。そのうえでの〝お互い様〟です。皆で、心安らぐ地域づくりを目指しましょう。それぞれの組の見守り合いがつながって、住み続けたい、住み続けてよかったといえる谷戸の地域となり、子どもにとっての故郷になるはずです。

この文章をみたとき、私が提唱している「近助の精神」に通じるものがあると思いました。と

日常の見守り体制

防災にかかわらず、日ごろの見守り合いが大切です。組内の会員の助け合いが、一人で暮らしている方々の見守り、子育て中の母親・父親の子育て不安の解消、障がいをお持ちの方への理解や手助けにつながっていきます。

谷戸に暮らしているすべての人たちが、安心して暮らせるよう、１番小さな単位である「組」内の見守り体制を築いていきましょう。

◆お互いに挨拶を忘れずに・・・。

◆組内の一人で暮らしている、特に高齢の方へは日頃から声をかけましょう。もし、お顔が見えなかったり、雨戸が閉まっていたり、新聞がポストにたまっていたらおとなり場リーダーに連絡し訪ねて下さい。訪ねても応答がない場合は、おとなり場リーダーさんから担当民生委員に連絡をして下さい。駆け付けた民生委員と一緒に対処しましょう。

Ａ・Ｂ・Ｃブロック担当＝○○○○　１２３－１２３４
Ｄ・Ｅ・Ｆブロック担当＝○○○○　１２３－１２３４（長屋門）
１２３－１２３４（自宅）

◆組内に赤ちゃんが誕生したり、乳幼児がいる若い世帯がある場合、温かく見守り、何でも相談できる近所関係を作っていきましょう。
基本的に子育ては家庭ですが余り頑張りすぎず、お隣近所の力も遠慮なく借りましょう。自分の子どもでなくても、注意をしなくてはならない時は遠慮せずに注意し合いましょう。

◆障がいのある方もおいでになります。日常の地域生活がスムースに営まれるように見守りや配慮が必要です。手助けが必要な時、組の皆さんの手が出しやすい地域関係を、双方で作っていきましょう。

⑫ずっと住みたいまちづくり（阿久和北部地区）の「日常の見守り体制」

いうより、基本的な考え方もまったく同じです。ですから清水さんとお会いしてお話をしているとき、何かお互いの琴線が共鳴しているようにさえ思いました。さらに、そのポリシーを具体的に記したのが「日常の見守り体制」という全戸に配布されたチラシです（画像⑫参照）。

こうしたゆるぎない信念の下敷きとなっているのは、「地域と人に対する愛情と信頼」だと思いました。これは、上杉鷹山公が示しておられた高潔な理念に通じるものと思います。そして、それを支え、推進する人たちの心にもその理念を共鳴させて、地域ぐるみ、町ぐるみの活動へと昇華させていった手際は、誰にでも真似のできるものではありません。それは、清水さんが阿久和北部地区というより瀬谷区など地域社会から絶大な信頼を得ているからにほかなりません。ですから、「おとなり場」や社協だけでなく、阿久和地区11の自治会をまとめた連合会の役員、おとなり場のおやじのひろばに集う定年退職した団塊の世代グループ、瀬谷区女性安全委員会メンバー、阿久和北部地区社協メンバー、民生委員・児童委員グループ、各スポーツ関係グループ、長屋門公園管理グループ、横浜市、瀬谷区役所とその職員など地域のさまざまな機関・団体・グループの兼任役員として、あるいは仲間として、それぞれのグループと親密な友好的関係を築いている人が清水さんだったのです。つまり、往々にしてグループ、団体同士は縦割りの弊害に陥りがちです。地域ぐるみといっても、自治会は自治会だけ、社協は社協だけでそれぞれがそれぞれに地域の安全・安心まちづくりを掲げ縦割りの活動をしていますが、地域エネルギー、マンパワーがそれだけ分散してしまって、それぞれの活動が中途半端になりかねません。それを防ぐには、各グループや団体に横串を刺し縦横の連携ができるようにすることが大切です。といって、各グループの代表者を集めて連絡協議会をつくればいいという人がいますが、それはあくまでアソシエーションでしかありません。必要なのは団体やグループと一体化したコミュニティなのです。コミュニティに不可欠なの

⑬おやじのひろばの拠点（横浜市瀬谷区阿久和北部地区・長屋門の古民家）

は「人」です。人と人の結び合いです。人と人を結ぶのも人です。阿久和北部地区ではそれが清水さんだったのです。

(2) 頼もしい戦力「おやじのひろば」

ＰＴＡのお父さんや、地域パトロール等に活躍する「おやじの会」というのは各地で聞きますが、横浜市瀬谷区阿久和北部のそれは「おやじのひろば」だというので、その名前に惹かれ、２０１２年4月21日（土）18時から長屋門公園で開かれた「おやじのひろば定例会」に飛び入りで参加させてもらいました（画像⑬参照）。この「おやじのひろば」は、地域活性化を図るための人財が必要と考え、清水さんたちが注目した「団塊の世代」の人たちでした。定年を迎え現役を引退した同年代の人たちが続々と地域に戻ってきていたのですが、それまで会社と自宅

⑭横浜市瀬谷区・阿久和北部地区・おやじのひろば
（前列右から２番目清水さん、左隣が筆者）

を往復しているだけの企業戦士たちには地域との接点がないのでは、と考えたそうです。その接点をつくれば、さまざまな経験や能力が地域に還元できるのではと、２００６年に掲示板などに手づくりのポスターやチラシを貼って募集したのが始まりだそうです。「カミさんから、今度おやじ同士の飲み会が開催されるらしいから、あなたも行って来たらといわれて来てみた」とか「男の井戸端会議らしい」などで参加し、いまでは生活のなかに「おやじのひろば」が定着していてすごく楽しいというメンバーもいました。合掌造りの茅葺屋根の古民家のなかは、暮らしの歴史がしみ込んで黒光りする柱に囲まれた座敷に、オレンジ色のウインドブレーカーを着用した20～30人の男たちが、囲炉裏を囲んでいました。年齢は60代から70代でしょうが、それぞれが血色もよく目の色も生き生きとしていて、高齢者ばかりとは思えないほど生気に満ちています（画像⑭参照）。新年度になり、前年度の活動報告が行われました。その内容や活動ぶりには度肝を抜かれました。

「おやじのひろば」の2011年度の主な事業報告

4月7日：ホタルの幼虫放流（子どもたちを集めて公園内に毎年放流）
　8日：鯉のぼり飾りつけ（端午の節句にあわせ、4月から古民家周辺に住民寄贈の鯉のぼりを飾るイベント）
　15日：老朽ベンチ修理
　16日：区役所職員がゲスト参加して、震災避難所支援活動報告
　23日：公園愛護会活動開始（公園清掃、月1回）
5月10日：区民の会で「おやじのひろば」活動紹介
　18日：向原第二公園トイレのステンレス扉の盗難に伴う修理作業
　21日：阿久和北部見守り合い拠点づくり、オープンカフェ開催・支援
6月17日：東日本復興祈願燈籠祭り用燈籠準備
　18日：ヨコハマまち普請事業申請「第一次審査」プレゼン支援
7月2日：さとまつり支援

2日〜3日：東日本復興祈願燈籠祭り支援（燈籠を530基設置し、東日本大震災犠牲者の慰霊と義捐金を集めることが目的）
8月20日：田舎一泊体験支援
9月29日：和泉川おとなり橋廃材収集（架け替えで出た廃材を再生利用すべくおやじ連中が収集に出動）
10月10日：阿久和北部運動会に参加および支援
16日：まちづくり交流会に参加
23日：瀬谷フェスティバルで「地産地消」濱麦ラガービール出店
11月6日：阿久和北部見守り合いの集いに参加および支援
22日〜23日：長屋門紅葉ライトアップ支援
30日：大雄山紅葉狩りとアサヒビール工場見学会実施
12月4日：谷戸自治会「和泉川源流を訪ねて」に参加
15日：長屋門母屋風除け保温設備製作
18日：餅つき、ミニ門松づくり支援
1月12日：見守り合い拠点打合せ・禁煙看板製作
2月3日：節分祭支援

4日：見守り合い拠点まち普請事業申請「第二次審査」プレゼン応援参加
10日：阿久和小学校「昔の遊び」出前指導
3月15日：老朽化作業台兼用舞台修理

ざっとあげただけでも28項目もあり、積極的に活動している姿が浮かび上がってきます。「おやじのひろば」の報告、承認、意見交換などが一段落すると、お楽しみ飲み会になります。持ち寄った酒と缶ビール、つまみは乾きものと清水さんたちの手づくり料理です。それも「地産地消」を地で行くように、地元で採れた朝掘りのタケノコの煮物などが大皿に出されるのですが、お世辞抜きにおいしくいただきました。「おやじのひろば」のメンバーは多彩な技能の持ち主や経験者が多く、棟梁と呼ばれている内田さんは本職顔負けの大工仕事をこなしています。この会では、定年までの勤め先や役職などの話はタブーだそうで、上場企業の役員や花形ベンチャーの経営者だった人も、地元の「おやじのひろば」では1人のおやじとして参加し垣根のない付き合いをしているとのことでした。また、「おやじのひろば」に世話役はいるのですが、それは便宜上であってすべてのおやじたちが上も下もなく、過去の勤め先や役職もなくただのおやじとして同格（スクラッチ）のフラットな関係が、このいい雰囲気を醸し出しているのだと思いました。

防災対策としても、高齢化社会に対応するにしても、孤立死防止や隣人の見守り合いが重要だということはみんな知っています。つまり、１＋１＝２というくらいに誰でもがわかっています。そして、どこの町内会でも自治体でもそれを推進したいと思っているのです。しかし、では、どうやって推進したらよいかというと、具体的な提案は出てきません。かけ声だけで終わる要因の一つは、主力となる具体的戦力が決定的に不足していることだと思います。どんな素晴らしいアイデアや高邁な理想があったとしても、その高みに登るための梯子をつくる人、梯子を支える人、つまり汗をかき、体を張って着実に推進する戦力（人）が必要なのです。それも、一過性のボランティアや助っ人ではなく、地域に根差し地域で暮らす人が主力にならなければ、地域の人たちを動かし巻き込むことはできないのです。それこそ人と人との結び合いが必要なのです。

そのことに気づいた清水さんたちは阿久和北部地区で豊富な人材の宝庫を見つけたのです。それが団塊の世代の人たちでした。団塊の世代とは、戦後期のベビーブームといわれた１９４６年～１９５４年までの昭和20年代に生まれた人を指します。１９４５年の敗戦後、戦地から復員した若い兵士たちが結婚して生まれた子どもです。特に１９４７年～１９４９年生まれの人口が突出していることで、その年代をピークとする世代が団塊の世代とされています。１９４８年に優生保護法および１９４９年の改正による経済的理由も含める中絶が容認がされたことで、その後は出生率の増大に歯止めがかかり、１９５０年以降における出生率低下につながっていきます。

その団塊世代の人たちが１９７０年代から１９８０年代における日本経済を推進してきたのです。そして、その後１９９０年代になってバブルが弾け、日本は不景気な厳しい冬の時代を迎えます。ＧＤＰで世界第2位の経済大国に押し上げた団塊の世代の人たちは、その光と影の体験者でもありました。その人たちが60歳から65歳で定年を迎えるのが２００７年からです。モーレツ社員という言葉に象徴されるように、経済大国を支えた戦士たちのほとんどの人に家庭を顧みるゆとりはありませんでした。家庭や子育ては妻に任せっぱなしにして、朝早く家を出、夜遅く帰宅。日曜祝祭日も得意先のゴルフコンペなどで家にいることは少なく、ただただ会社と家を往復する毎日を過ごさざるをえませんでした。家のローンと学費を稼ぐのが夫として父としての務めだと考えていたのです。ところが定年になって自宅で過ごすようになると、隣近所の付き合いも何も知らず、地域や自治会との接点などあろうはずもありません。何かしたいと思っていても、せいぜい付近の買い物や散歩をするしかありませんでした。

12世紀～16世紀頃「人生わずか50年」（幸若舞の一節）といわれた頃と違い、昨今の60代、70代はきわめて元気です。２０１０年９月に内閣府大臣官房政府広報室の「体力・スポーツに関する世論調査」によりますと、「体力に自信がある」と「どちらかといえば体力に自信がある」が62・4パーセント、そのうち51歳～59歳では65・5パーセント、60歳～69歳で61・1パーセント、70歳以上でも49・2パーセントという数字でした。体力に自信がある人で50代と60代を比較しても4・

4パーセントしか差がありません。70歳以上でも約半数が体力に自信があると答えているのです。それだけ、60代も70代も元気なのです。この人たちは、さまざまな知識、経験、技術をもつ地域の「人財」なのです。この人財をどう活用するかが防災隣組の成否を左右するのです。働き盛りの人たちは仕事やそのほかの活動に追われ多忙ですが、第一線を引いた団塊の世代には時間は十分あるのです。

その団塊の世代の人口は１０６３万４０００人と１０００万人を超え、日本の総人口の約10パーセントを占めているのです。その人たちが２００７年からいっせいに定年を迎えることになったため、２００７年問題、継続雇用などで最長65歳まで勤めるとして２０１２年問題といわれていました。このことは防災隣組にとって大変な追い風になります。つまり、１０００万人以上の体力に自信のある人たちが地域に戻ってくるからです。この貴重な人財を有効利用しているのが横浜市瀬谷区阿久和北部地区の「おやじのひろば」なのです。一定の年齢を経て人生の酸いも甘いも噛み分けてきた、いわば人生の達人たちです。パソコンの達人もいれば、広報に携わってきた広告のプロ、電気、水道、統計などさまざまな技能をもっている人もいます。「おやじのひろば」は文字どおり人材バンクのようなものです。また、メンバーも地域で感謝され評価されることに生きがいを感じているようです。特に、清水さんの掲げる「ずっと死ぬまで住み続けたいまち」を目指すという旗印に共感していることも共通しています。

「おやじのひろば」の基本方針

「無理なく、楽しく、自分のために」……それが地域のためにも……

～地域に人と人のつながり、和と輪の広がりを～

- 出入自由、無理なく、楽しい会に
- 地域の情報をキャッチする場に
- まず、地域のさまざまなボランティア活動から

このように肩に力を入れていない基本方針はあまりみたことがありません。頑張りすぎず、自由で、楽しく、ほどよい距離感。会社勤めで人間関係のむずかしさを知っている人たちが集まっているのです。ですから、何かのイベントに出席できる人？ と聞くと、「私は当日ゴルフコンペで欠席します」「温泉に行くから」などの声があがります。聞いた方も「温泉？ そりゃそっち優先だよね」等と和気あいあいのキャッチボールが会のいい雰囲気を物語っていました。つまり、みんなそれぞれが大人なのです。「おやじのひろば」とは、真の「大人のひろば」のことなのかもしれません。

学生と一緒に飛び込んで地域再生を実践されている京都造形芸術大学・山崎亮教授が『コミュ

ニティデザイン―人がつながるしくみをつくる』を書かれています。その地域にあわせた手法、作戦、ゆっくりズムも素晴らしかったのですが、紹介したいのは「おわりに」に書かれた文章です。「本書の原稿を書き終わる頃、東北地方を巨大な地震が襲った。いろんなことを思い起こして原稿を書く手が止まった。原稿執筆よりもやるべきことがあるのではないかと悩んだ。しかし同時にコミュニティの力を信じた頃の自分を思い出した。こんなときだからこそ、コミュニティデザインに関する原稿を書き上げるべきだと自分に言い聞かせた」。私も東日本大震災が発生したとき、自分自身が「近助の精神」などの講演をするより、被災地に入ってボランティアとして少しでも被災者を励ます側に回るべきではないかと思って毎日忸怩たる思いをしていたので、山崎先生のお気持ちはよくわかります。文章は続きます。「被災地の道路や住宅はいずれ復旧するだろう。同じ場所にまちをつくるべきかどうかは検討の余地があるものの、ハード整備はそれなりに進むだろう。同時に考えておくべきなのは人のつながりだ。阪神・淡路大震災では、避難者数に対して仮設住宅の数が圧倒的に少なかった。だから高齢者や障がい者が優先的に入居した。人道的判断だったといえよう。しかし、高齢者や障がい者は周辺に住む家族たちとつながっていたのである。夕食のおすそ分けや縁側での世間話等によって生活が支えられていたのだ。こうしたつながりが断ち切られ、高齢者や障がい者だけが集まった仮設住宅で、震災後3年の間に200件以上の孤独死が発生してしまった。非常時には人のつながりが大切になる。いうまでもなく、それは平常時から手入れしておくべきものだ。災害が起きた後、仮設住宅を建てるように効率よく人のつながりを構築することはできない。日々のコミュニティ活動が大切なのだ。だからこそ、いまコミュニティデザインに関する書籍を世に問うべきだろう。そう考えて原稿を最後まで書き上げた」。まちづくり、まち興しを願い実践しようとする人は山崎先生のこの本をぜひ読んでもらいたいと考えます。そして、平時からのコミュニティや防災隣組をつくろうと考える人にとって、基本的モデルとしてこの阿久和北部の「おとなり場」「おやじのひろば」は学ぶべきものが多いと思います。一度ここを訪れておやじたちと囲炉裏を囲むことをお勧めします。きっといくつかの新鮮な驚きと新しい気づきが生まれると思います。いくつかの事例をみてきて、防災隣組に必要な要点を十カ条としてあげてみました。

「防災隣組」十カ条

1　ほどよい距離間で（結び目はあまり固く結ばない、べたべたしない。プライバシーには深入りしない）
2　困ったときはお互いさま
3　挨拶は先手必勝（相手が挨拶したらしようと思わず、気づいたら先にいう）
4　気持ちよい前向き挨拶（「嫌な雨」というより「よいお湿り」というように、プラス志向の

挨拶）

5 日常行事に積極参加

6 欲ばらないで、身近なことからコツコツと

7 回覧板は、顔みて挨拶しながら手渡しで

8 いざというとき、ためらわないで自分から声かけて

9 向こう三軒両隣で安否確認チーム

10 無理なく楽しく、住みよいまちづくりに自ら参画

第3章

自然災害と想定外

1 「南海トラフ沿い巨大地震発生！ 3分後に大津波！」

(1) 想定外

以前「想定外とは、想定できることを想定しなかったものの言い訳である」と書いたくらい、私は想定外という言葉があまり好きではありません。もちろん、今回の震災を想定外としか表すことはできなかったと一般市民がいうのは当然です。しかし、政府、防災専門家、原子力発電所などは想定外ですませてはいけないと思っています。なぜなら、防災対策・危機管理の前提条件は想定外の災害に備えることだからです。特に原子力発電所などの危機管理は、最悪に備えることが大前提です。それを想定しなかったとしたら、もはや天災ではなく人災といわなくてはなりません。

悪夢のような東日本大震災直後、「想定外の地震」「想定外の津波」「想定外の原発事故」など、想定外という言葉がまるで枕詞のように使われました。想定されていた宮城県沖地震の126倍の規模で、しかも岩手、宮城、福島、茨城沖の5つのブロックが連動して動くというこれまでの地震学の常識を超えた災害でした。さらに、津波の高さも想定を大幅に超えていました。これまで本州最大の津波記録は岩手県大船渡市三陸町綾里において明治三陸地震津波のときに記録された38・2メートルの遡上高とされていました。しかし、元東京大学地震研究所准教授の都司嘉宣氏の調査によると、東日本大震災における最大津波は宮城県女川町沖の笠貝島に残る痕跡から津波遡上高43メートルと推定されています。

科学技術が格段に進歩したはずの現代において、このように想定外という言葉が日本中で頻発される事態というのは想定外というより異常というほかありません。しかし、少し冷静になって考えてみますと、想定外というのはまったく想定できなかったという意味なのか、それとも想定できるはずだったにもかかわらず何らかの理由で想定しなかったのか、という疑問がわいてきます。地震発生から約7カ月後の２０１１年10月15日、日本地震学会は静岡県で「地震学の今を問う」と題した特別シンポジウムを開催しました。そこでマグニチュード9・0の巨大地震を想定できなかったことに対して「地震学の大きな敗北」などと、通常の学会ではありえないような自虐的ともいえる異例の自己批判が相次ぎました。そんななかでひとり気を吐いたのは政府や研究者の地震予知に否定的立場をとるロバート・ゲラー東京大学大学院教授でした。「東北でマグニチュード9・0クラスの巨大地震がありうるという研究成果は一部であったが、国や学会で見逃（無視）されていた」と強調しました。さらに、地震予知を重視する政府や研究機関の現状を批判し、「政府が仮定している地震と実際に発生する地震が一致していない。正確で識別可能な地震の前兆は存在せず、現時点での予知はできない」とし、そのうえで「大震災を受け、地震発生の仕組みの研究や国の地震対策などはいったんリセットすべき」と主張しています。地震予知というのは地震発生場所、規模、発生期日などを予知することですが、向こう30年以内などという長期予想ではなく数カ月以内などの短期的な直前予知を指しています。過去に地震が発生したことがある場所で、「向こう30年以内に地震の発生する可能性がある」というような長期評価は誰にでもいえますが、いつ、どこで、どのくらいの大きさの地震が発生するかという確度の高い直前予知が困難というのは世界的な通説となっています。

中央防災会議での議論にかかわってきた谷川昭東北大学大学院教授は「巨大地震をまったく想定できず、非常に反省し、責任を感じている。今後は学会としてもっと多様な意見を共有すべきだ」と提言されました。これまで国家予算から巨額の観測・研究費が投じられてきた地震研究の方向性は残念ながら誤っていたのかもしれません。

その反動もあってか、震災後に続々と発表される研究者や政府機関からの地震想定はこれまでと違って、きわめて強烈な禍々しい想定を発信しはじめます。共通しているのは、最悪の条件が重なったときなどという従来の楽観想定ではなくネガティブ想定で、地震や津波の襲来規模が以前と比べ格段に大規模になっていることです。首都圏直下地震（東京湾北部地震等）では従来の震度6強の揺れに襲われる範囲が倍増し、さらに震度7になる想定地域が初めて発表されました。

(2) 南海トラフ沿い地震

南海トラフ沿いで発生する地震の震源域で、2003年に中央防災会議の推計で7県35市町村(約300平方キロメートル)とされていた震度7の地域は、10県153市町村(約7000平方キロメートル)と20倍以上となり、高知県黒潮町では地震発生の数分後には最大34・4メートルの津波が押し寄せるという想定が、2012年3月31日に内閣府が主催する有識者による「南海トラフの震源モデル検討会」の中間発表で公表されました。

このように震災後、次から次へと政府や研究機関などから発表される地震や津波に関する研究・調査報告は、文字どおり多様化し日に日に過激度を増していて、震災直後はマスコミも大騒ぎし国民も衝撃的に受け止めていましたが、徐々に冷静さを取り戻したというより、「脅かされ慣れ」してきたように思われます。一部では「マグニチュード9・0の巨大地震を想定できなかった政府や地震学者が、今度は責任逃れのためにこれでもかこれでもかと考えられる最大限の災害想定を発表し暴走しはじめた」とか「羹《あつもの》に懲りて、膾《なます》を吹く地震学者たち」とか「単に想定しておきました、というアリバイづくり」とあきれたり揶揄する意見も聞かれました。たしかに震災前の想定はすべてが甘く、私自身「地震学者イコール当たらない専門家」など大変失礼なことをいっていました。しかし、今はそうは思いません。従来、国の地震対策等に影響力のある委員会の専門家たちは、研究予算等を配分する関係省庁の顔色をうかがって自身の研究結果の発表も遠慮していたように感じていました。本来発表すべき最悪の事態も、ハードルを上げれば苦しい財政でやりくりしている国や自治体の予算をさらに追い詰めてしまうことを慮っての逡巡があったものと推察しています。

それが未曽有の東日本大震災という痛ましくも凄まじい洗礼を受けた後、まるで憑きものが落ちたように、百花繚乱というより百家争鳴の様相を呈し競って最悪の地震や津波の想定を声高く主張しはじめたのです。一部はオーソライズされていない単なる仮説も交じっています。これらを私はほろ苦い思いを抱きつつも評価に値するものと考えています。これは従来、がんじがらめに縛られていた厳しい研究費の実情や防災対策予算の実現性、過去の慣習や学閥タブーなどの二重三重に張り巡らされた呪縛が一気に解かれたことによるものと解釈しているからです。ですから一定の評価はできます。良し悪しを別にして極端から極端に走るのがこの国の特徴です。震災の反動でしょうが呪縛が解かれた瞬間にいいっぱなしの聞きっぱなしで、少しでもほかの人より先に先鋭的に大仰にいったほうが勝ちという風潮に流れていきます。学会などで地道に議論を尽くすなど、本来あるべき学問の積み重ねをせず、また客観的評価や検証を飛び越して、結論ありきに流される傾向にあることは学問の府が自らを落とし穴に落とそうとする危険な兆候ともとらえています。

発表される研究や報告をみると、まず最悪の想定というセンセーショナルな結論ありきから始まっているようにみえます。従来は100年~200年に一度発生する再発性の高い地震災害を想定すべきといっていたのが、このところは数千年に一度の災害を想定するようになったのです。急に数千年に一度の地震が起きる予兆が現れたわけではありません。また、地震や津波に係る知見や科学が震災後1年足らずで画期的に深化したとも思えません。発表のなかにはアイデア段階であったり仮説や推定の推定であったり、荒唐無稽の過大想定に終始しているものもあるようです。呪縛の有無にかかわらず、研究結果や学術的意見を自由に述べ合えることはきわめて重要ですが、一つのことについて研究者によってまったく異なる結論が発表されて混乱するのは自治体や国民です。そして、防災対策の大切さは誰でも知っていますが、災害想定という前提条件が発表のつど変わっていくとしたら誰のどの発表を信じていいのかわからなくなってしまいます。

たとえば、東海地震における津波想定の推移が象徴的です。2011年5月に政府の要請で運転を停止した浜岡原発は、最悪、東海・東南海・南海地震の三連動地震が発生した場合のマグニチュードは8・7、津波高8メートルという推定が震災前に中央防災会議の専門委員会から出された被害想定に基づき対策をしていました。それが、震災後にはマグニチュード9・0、津波高約10メートルに引き上げられたのです。それに耐えるようにすれば運転再開と受け止められていましたので、浜岡原発では高さ15メートルの既存の砂丘堤防の背後に18メートルの防波壁を2012年末までに新設したうえ、万一津波が乗り越えても建屋等が浸水しないように水密化を徹底する工事を進めていました。しかし、2012年3月末、内閣府の有識者会議から、過去に発生が確認されていない「南海トラフ沿い巨大地震」が発生した場合の被害想定が発表されました。浜岡原発のある御前崎周辺は、揺れの強さもそれまでの震度6強から震度7に、津波高は10メートルから一気に21メートルに引き上げられたのです。めまぐるしく変転する政府の被害想定に浜岡原発は振り回されています。原発の危機管理は最悪に備えるべきですが、電力関係者だけでなく周辺自治体や住民も発表のつど過大な想定になっていくことに唖然とし、どう対応して、何を根拠に防災対策を進めるべきか測りかねているのが現状です。

首都直下地震の発生確率についても低次元の報道と混乱が相次ぎました。そもそもの発端は震災から半年経った2011年9月16日、東京大学地震研究所2号館5階第一会議室で開催された「第897回東京大学地震研究所談話会」での「首都圏地域における地震活動度の変化」と題する15分間ほどの酒井慎一氏らからの試算発表でした。それまで国の地震調査研究推進本部（本部長・文科相）から首都圏直下地震でマグニチュード7・0クラスの地震発生確率は「30年以内に70パーセント程度」「50年以内に90パーセント程度」と発表されていました。それを震災後の東大地震研究所の談話会で「4年以内に70パーセント」「30年以内に98パーセント」という首都圏地域における発生確率が試算されたのです。そのときも一部のマスコミには紹介されていましたが、大騒ぎになるのはその半年後です。

2012年1月23日、読売新聞が朝刊一面トップで「M7級首都直下地震、4年以内に70パーセント……東大地震研」と、さも最近発表されたデータのように報じたのです。それにつられるようにして各メディアが後追いで「4年以内70パーセント」を報道することになります。驚いたのは東京大学地震研究所でした。あわててホームページに次のようなコメントを掲載します。「以下の試算は2011年9月の地震研究所談話会で発表されたもので、その際にも報道には取り上げられました。それ以降、新しい現象が起きたり、新しい計算を行ったりしたわけではありません。当初から明言しているとおり、このページは個々の研究成果・このページに掲載されたからといって、地震研究所の見解となるわけではありません」。その直後の2012年2月1日、今度は京都大学防災研究所の遠田晋次准教授によって首都直下地震の発生確率が発表されます。それによると、「5年以内に28パーセント」「30年以内に64パーセント」という試算でした。その後を追うように前述の東大地震研究所のチームが再試算した結果を同年2月5日、「4年以内に50パーセント以下」「30年以内に83パーセント以下」と発表し、その4日後の2月9日には国の地震研究推進本部がこれまで発表している「30年以内に70パーセント」の発生確率を再確認し、切迫していることに変わりはありませんと付け加えたのです。これで一件落着と思ったら、5月25日になって前述の東大地震研究所チームから「4年以内に15～30パーセント」「30年以内に70パーセント」と再々計算されて発表されるのでした。こんな確率を誰が信じるというのでしょうか、これでは混乱するのが当たり前ではないでしょうか。なぜ、学会などで議論を交わし情報を一本化できないのか理解に苦しみます。

しかし、信憑性の有無にかかわらず、いったん国や権威ある（?）研究機関から危険情報が発表されると、どんなに怪しい情報でも無視した対策準備をするわけにはいきません。政府はこれに類する最悪の被害想定を発表するだけで後の対策は地方自治体任せとなっていますが、具体的対策推進を求めるのであれば、予算面も含め政府は支援策を講じるべきと思います。

(3) 問題は要援護者対策

これまで最大津波高は2003年に中央防災会議によって想定されていた14・1メートルだった高知県幡多郡黒潮町では、2012年3月31日に内閣府の「南海トラフ震源モデル検討会」（座長・阿部勝征東京大学名誉教授）の中間発表で、想定最大津波高は34・4メートルと推計されました。なんとこれまでより20メートルも高い津波が押し寄せるというのです。それも第一波は数分後にやってくるという想定です。最大規模を想定したとのことですが、想定された黒潮町は人口1万3000人の約8割が沿岸部に集中して住んでいます。これまで同町は南海地震で8メートルの津波が発生すると想定し、海抜4メートルの位置に高さ8メートルの津波避難タワー（海抜12メートル）が設置されていました。しかし、34・4メートルの津波が襲うとしたらタワーは水没してしまうことになります。平地の多い海岸線から30メートル以上の高台は1キロメートル北まで走らなければなりません。それも高齢化率は35パーセントという少子高齢化が進んだ地域の人々が数分で1キロメートルも避難することは物理的にも困難と思われます。

予防的措置として考えられることは、海抜34・4メートル以上に住民全員が避難できるスペースを確保した津波避難タワーの設置ですが、現実的にはむずかしいと思われます。となると、国土交通省が推進する防災集団移転促進事業を活用し、災害発生前の予防措置として高台集団移転を図るしか方法はないかもしれません。今回の津波で被災した東北の人たちは各所で集団高台移転を進めています。集団防災移転事業については東京防災隣組の項でも述べましたが、巨大津波が想定される地域では災害後に集団移転するのでは遅いわけですから、災害前に予防的な高台移転を推進する必要があります。

とはいっても、集団移転実行となると個々の家庭事情、権利関係、費用、移転先等の土地の手当て、買上げなどさまざまな問題を乗り越えていかなければなりません。実現するまでには一つひとつ難関をクリアしつつ長期にわたることを覚悟する必要があります。高台移転するまでの間に津波が襲来しないという保証はありません。ましてや高台移転がすぐに決められない地域や、最大34・4メートルの津波が数分後に襲うとされる前述の黒潮町のように高齢者が多い地域などでの災害時要援護者対策が問題です。多数の要援護者を短時間に安全に避難させる具体的計画策定が喫緊の課題となっています。従来から各自治体で推進してきた災害時要援護者避難支援計画そのものの見直しが迫られます。

従来の災害時要援護者避難支援計画では、個人情報の問題もあり手上げ方式などで災害時要援護者名簿を作成し、緊急時は民生委員が安否確認に向かうとされています。また、地域によっては自主防災組織の役員が避難誘導、あるいは支援者をあらかじめ定めているところもあります。

最大規模の津波や、震度7エリアに住む要援護者対策に絶対の虎の巻などありません。しかし、今後さらに高齢化が進むことを考えれば、この問題を避けて防災対策はありません。

そこで提案したいのが序章に掲げた「近助の精神」です。近くで近くを助けるしか方法がないと思います。障がい者でも高齢者でも原則は自助ですが、自助だけでは対応できない体調や状況であれば近くの人が助ける必要があります。広くみんなで共助を待っている余裕（時間）などないはずなのです。台風のように数日前から進路や災害規模が判明している災害であれば、事前に手分けして要援護者の避難支援もできますが、大規模地震のように突発的に発生する災害を想定した対策が必要です。

阪神・淡路大震災（1995年）のとき、地震発生2時間後に現場に入ってみた光景をいまでも忘れることができません。路地も道路も電柱が倒れこみ、壊れた建物が道をふさいでいました。あちこちでガス漏れによる火災が発生していました。暴走して損壊した車が放置され、橋の付け根は段差ができて通行不能状態でした。そこいら中で煙が立ち上り不気味な音を立てて炎が噴き出しています。こうした光景のなかで、要援護者のところへ駆けつけたくても駆けつけられないのが大災害です。㈳日本火災学会「兵庫県南部地震における火災に関する調査報告書」のなかの、「生き埋めや閉じ込められた際の救助」でそのことが証明されています。「自力で」が34・9パーセント、「家族に」が31・9パーセント、「友人・知人に」が28・1パーセント、「通行人に」が2・6パーセントでした。そして「救助隊に」はたったの1・7パーセントでしかなかったのです。共助よりも近助なのです。近くにいる人しか戦力にならないのです。阪神・淡路大震災で6434人の犠牲者を出しましたが、兵庫県警監察医の調べでは死因の87・8パーセントが圧死、10パーセントが焼死でした。焼死の犠牲者も家の下敷きになって逃げ遅れたことによるものと推定されています。阪神・淡路大震災で圧死者を多数出したのは震災の帯といわれた震度7エリアでした。首都圏直下地震でも、東海・東南海・南海地震などの「南海トラフ沿い地震」でも震度7エリアが大幅に拡大されています。目安ですが木造家屋の約30パーセント以上が倒壊するほど激しい揺れになるとすれば、できるだけ早く安全なスペースに避難しなければなりません。要援護者を避難誘導できるのは近くにいる人です。そして、その震度7エリアで倒壊建物の下敷きになって亡くなった人の87パーセントは地震発生後14分以内に亡くなったものと推定されています。つまり、早く助けなければ助からないということなのです。早く助けることができるのは近くにいる人だけです。だから近助が大切なのです。だからこそ防災隣組が必要なのです。

第4章

隣保組織［隣組］の歴史

1　飛鳥時代の「五保の制度」

江戸時代の五人組や戦時中の隣組と、現在の自治会（町内会）とは似て非なるものです。しかし、目的や性質が異質ではあってもそれぞれが最小共同体であり隣保組織であることは間違いありません。そこでまず、その歴史をたどってみたいと思います。その歴史からヒントとして学ぶべきものがたくさんあると思うからです。

日本における隣保組織の源流は、大化の改新当時の「五保の制度」にさかのぼると考えられています。しかし、「五保の制度」は決して日本の独創ではなく、そのもととされるのは後に紹介する古代中国の隋・唐（５８１〜９０７年）の「五保の制」、あるいはさらにさかのぼり、周（紀元前１０４６〜紀元前２５６年）の時代の「比」（五家）の区画制にあるといわれます。日本では『日本書紀』巻第25に記されているように、孝徳天皇の大化2年（６４６年）の「改新之詔」第3条には「初めて戸籍《へのふみた》・記帳《かずのふみた》・班田収授法《あかちだをさめつくるのり》を造れ。凡《すべ》て五十戸《いそへ》を里《さと》とす。里毎に長《をさ》一人を置く」と定められ、「里」の制度が発足していましたが、さらに白雉《はくち》3年（６５２年）4月の項に「是の月に、戸籍《へのふみた》造る。凡《およ》そ、五十戸《いそへ》を里《さと》す。里毎に長《をさ》一人。凡そ、戸主《へぬし》には、皆家長《いへのかみ》を以てす。凡そ、戸は皆五家《いついへ》相保《あいまぼ》る。一人を長とす。以て相検《あひかむが》へ察《み》る」と記されています。現代語訳に直しますと、「この月に戸籍をつくった。50戸を里とし、里ごとに長1人を置いた。戸主は家長を充てる。五戸をもって保（ほ、または、ほう・隣保組織）とする。なかの1人を長とし、検察の役目をする」ということになります。7世紀半ばに、この地方行政区画となる「里」の下に、最末端の隣保組織として「五戸からなる保」つまり「五保」を編成することを定めているのです。しかし「然れども、五保の制度の完備せしは此後大宝、養老（701～724年）の律令の制定せらるるに及びてよりの事なるが如し」といわれているように、この制度が実質的に整備・確立されるのは8世紀以降とみられます。この五保の制度が後の豊臣や徳川時代の五人組となったという説と、似たものではあるがやや異なるとする説があります。納税、違法に対する連帯責任、共同監視など、両者に共通するところが多いことから、後世の法家が為政者にこの仕組みを提案し、五人組として引き継がれていったものと考えられます。

人が集まり群れて生きるということは、群れの掟と掟を末端まで浸透させ、かつ監視するための最小共同体が必要になります。ですから、こうした五人組のような隣保組織は日本に限ったものではありませんでした。たとえば中世のイングランドにも「自由民相互保証制（frankpledge）」のなかに「十人組（tithing）」という制度がありました。そこには犯罪の訴追を受けた村民の身柄を提供する責任、重罪犯罪人逮捕の義務などもありました。また中国には前述したように、日本が手本とした隣保組織が古くからありました。古代中国における官治組織の末端は州・縣レベルまでとされ、「州・縣以下の郷村統治に関しては官自らの機関を以て直接これに干与することなく、庶民に役を課して官治の補助機関たらしめ、いわゆる郷人をして郷を治めしめるという方法」が採用されていました。つまり、末端の隣保共助は自治運営が望ましい、とされていたのです。これが「職役の制」といわれるもので、職役の設置は常に郷村の編成と連携し、いずれも郷村組織の統括者として官治を佐《たす》けるものでした。四川大地震の現地調査に行ったとき、「村民会議」が多くの役割を果たしているのをみてきました。「はじめに」の項で述べたように秦の始皇帝のころから五戸を以って隣《りん》、五隣を以って里《り》とする郷村組織があったのです。

古代の末端組織は現在のものとは異なると思われますが、末端組織の自治運営の考えは活かされているのだと感じました。時代によって関与の度合いは変わってくるものの、「職役の制」を官の末端補佐機構に組み込むことによって、警察・徴税・勧農・教化の目的を果たそうとしたものだと思います。さらに郷村より下に「保甲《ほこう》制度」が敷かれています。これは日本でいう五人組とよく似た制度です。東京帝国大学教授であった穂積陳重博士は、「保甲とは、支那における地方自治団体にして、各府、州、縣所属の城、市、郷、村内に置いて一定の戸数によりて保及甲と称する隣保団結を編成し、当該団体内における諸般の警察事務を行ふを以て其主要の任務と為すもの」と述べておられます。さらに博士は、それから時を経た唐の時代（618〜907年）には「五家を以て一保、百家以て一里、五里則ち五百家を以て一郷を編せしめるとともに、十家以上百家までの村に村正一名を立て、それを超える時はさらに一名を加え、村の大小に従って村正の数を異ならしめようとした」と記しています。唐より古い隋（589〜618年）でも、「五家を「保」となし、五保を「閭《りょ》」となし、四閭を「族」となし、各々正（長の意）を設け、相検察せしめた」としています。隋以前の歴代王朝において設けられてきたさまざまな名称の隣保制度がありますが、これらの隣保制度（保甲制度）のことは、紀元前12世紀頃から紀元前8世紀頃存在した周の時代の官制を列記した『周礼《しゅらい》』に記された「六郷《りくごう》の制」を規範としたものとみられています。「六郷の制」とは、周代における「比」、「閭」、「族」、「党」、「州」、「郷」という地方区画制度で、その内容は以下のとおりです。

「比」＝五家
「閭」＝五比・二十五家
「族」＝四閭・百家
「党」＝五族・五百家
「州」＝五党・二千五百家
「郷」＝五州・一万二千五百家

このように、中国では紀元前から地方組織制度があり、五戸を「比」や「保」又は「隣」とするような隣保組織があったのです。そして、この中国の文化や制度を遣隋使等の派遣により日本に積極的に取り入れたのが飛鳥時代です。大化の改新詔における「五十戸・三十戸一里制」がありますが、律令制下にあった郷戸《ごうこ》の構成はきわめて複雑でした。当時作成された戸籍では「平均的な家族構成は、二十数人から三十数人ぐらい」とされていますので、当時の五保（五戸）は100人〜150人くらいで構成されていたものと考えられます。今日の向こう三軒両隣・隣組であれば、一戸2人〜4人としても12人〜24人ですから、ずいぶん大人数の隣組であったようです。「五保の制度」の詳細は明らかではありませんが、五戸をまとめて保とし、保長が責任者となって、相互扶助・治安・徴税等に関して後の五人組のように連帯責任を負っていたようです。日本が取り入れた「五保の制度」の手本は隋・唐の頃の法令や制度といわれますが、隋・唐の法令や制度に影響を与えたのは商鞅《しょうおう》（紀元前390〜紀元前338年）のつくった制度であったといわれています。

商鞅は中国戦国時代に活躍した秦国の政治家です。衛の公族系のため公孫鞅とも呼ばれましたが、後年、秦の商於に封じられたため商鞅（商君鞅という尊称）と呼ばれました。法家思想をもとに秦の国政改革を進め、後に秦が天下統一を果たす基礎となる峻厳な法令・制度を築きましたが、最後には周囲の恨みを買い処刑されてしまいます。商鞅の功績の一つは、変法《へんぽう》と呼ばれる改革のための制度をつくったことです。第一次変法は、以下のような内容のものでした。

・戸籍を設け、民衆を五戸（伍）、または十戸（什）で一組に分ける

・組ごとに相互監視、罪を犯した者の告発義務
・もし、罪を犯した者を訴え出ない場合什伍すべて連座し罰せられる
・罪を犯した者を訴え出た場合は戦場で敵の首を取ったのと同じ功績となる
・一つの家に2人以上の成人男子がいながら分家しない者は、税金を倍加される
・戦争での功績には爵位をもって報いる
・私闘をなす者は程度に応じて課刑される
・男子は農業、女子は紡績などの家庭内手工業に励み、成績が良い者は税金免除
・商業をしたり怠けたりして貧乏になった者は奴隷身分に降格
・特権階級といえども、戦功のない者はその身分を剥奪する

商鞅は古い法律を変え、新しい思想の法を制定し、法制国家として社会規範を取り戻そうとします。しかし、最初はなかなか浸透せず、民衆からは不満の声があがります。商鞅は、法がうまく機能しないのは上の者が法をきちんと守っていないからだと考えます。君主である孝公の息子（後の恵文王）が法を破ったのを知り、これを処罰することを孝公に願い出ます。さすがに孝公も自分の跡継ぎを罰することができなかったので、息子の傳（後見人）を鼻削ぎの刑にし、教育係も刺青の刑に処します。以降すべての人が法を守るようになり、みんなが働くようになると秦は豊かになり、礼節が重要視されていくのです。

商鞅が定めた伍什制度は後年日本にも伝わります。日本書紀によれば、白雉3年（652年）、中大兄皇子による大化の改新の一環として五保の制度が導入されたのです（詳細不明で異論もある）。日本の戸令では「隣」の制度は設けず、土地と人の区画として郷・里の下に五戸を一単位とした「保」の制度のみ設けています。戸令には唐の規定をもとにして「凡そ戸は五家相容れ、一人を長とせよ」（戸令・五家令）という規定がありましたが、当時の日本では、唐のように「戸イコール家」という形態になっていなかったため、きちんと統一できないところもあったようです。また、25戸以下の僻遠地には里長は置かず、保長が代理となっています。五保の制度内容は、商鞅がつくったものを下敷きにして原則的なことだけを制定したとされています。その後の平安京では東西南北をそれぞれ3条ずつの小路によって区分した1区画（1坊の16分の1）を町と称し、「4町＝1保＝4分の1坊」というように数えるようになります。貞観時代には戸籍における「五保」を地縁に基づく枠組みとしています。平安後期もこの五保は一部で機能していたといわれています。

2　秀吉「御掟」と五人組

この五保の制度は、のちに豊臣、江戸時代の「五人組」に発展し、さらにそれが隣組、町内会、自治会という最小地域コミュニティになったともいわれています。そして時代の変遷とともに地域共同体も変容していきます。前述した上杉鷹山公が示した五人組、十人組なども隣保組織という共同体も、飛鳥時代の「五保の制度」を参考にして安土桃山時代から始まったように思われます。こうした隣保組織には一定の自治があり、村落でも町でも近隣の連帯性や連座責任は、五人組制度というより五世帯組によって強化されてきました。

従来、五人組の起源としては、慶長2年（1597年）3月7日付に豊臣秀吉が発した「御掟」とするのが定説です。「毛利家文書」から一部を引用してみます。

一、辻切、すり、盗賊の儀について、請奉公人、侍は五人組、下人は十人組に連判をつき、右、悪逆仕るべからず旨、

一、侍五人、下々十人よりの内の者は、有り次第組たるべき事、

一、右の組にきらわれ候者の事、小指をきり、追放すべき事、

一、右の組中悪逆仕る者、組中より申し上げ候はば、かの悪党成敗を加え、組中は違儀有るべからざる事、

一、組の外より申し上げ候はば、悪党一人につき候て金子二枚づつ、かの悪党の主人より訴人に褒美としてこれを遣わすべし、

一、今度、御掟書き立てられ候侍・下人、自今以後他の家中へ出すべからず、但し本主人同
心の上は、格別たるべき事、
一、咎人(罪人)成敗の事、夜中その外猥りに誅戮(殺)すべからず、その所の奉行へ相理
(断)り申しつくべし、時に至りすまい了簡に及ばざる賊は、即刻、相届くべき事、
右条々、堅く仰せ出ださる所件のごとし、
慶長二(年)三月七日　　　　　　　　　　　　　　　長束大蔵大輔

天正13年(1585年)に関白宣下を受けた秀吉は、天正17年(1589年)に北条氏を滅ぼし天下統一を果たした後、独裁政権を確立していきます。しかし文禄2年(1593年)に側室の淀殿が秀頼を生むと、秀吉の養子・秀次との確執が深刻になっていきます。そして、2年後の文禄4年(1595年)、乱行を理由に秀次を廃嫡し高野山へ追放、最後には謀反の罪を着せ切腹を命じます。この御掟を発した五奉行(年寄)にもそのあたりの影響が現れています。豊臣政権で実務的に行政を担当したのが五奉行でした。本来は秀吉の義弟である浅野長政が筆頭奉行でしたが、前述の秀次事件の影響で浅野長政は一時失脚していて、その間長政にかわって宮部法印(継潤)が務めていたのです。

この秀吉御掟は、伏見城下の町の治安強化を目的としたものといわれています。本来、秀吉の

本城は大坂城ですが、文禄3年（1594年）伏見城を築城し、当時は伏見が日本の首都となっていました。諸大名は競って屋敷をつくり、大名たちは妻子とともに伏見に常在するなど大変な賑わいでした。伏見城下は武士だけでなく商人、職人、日雇などさまざまな職種や浪人が全国から集まっており、雑踏して辻切強盗、すり、盗賊などの悪党がはびこり、治安が悪化していたのです。その対策として、「諸奉公人」「侍」は五人組に、「下人」は十人組に編成され「組中」でお互いに監視させるとともに連帯責任をもたせます。「諸奉公人」とは、小人、小者、若党、足軽、中間などの武家奉公人を指し、「侍」は、伏見在住の秀吉の直臣団・大名の家臣たちを指しています。諸奉公人だけでなく侍も五人組に編成したのは、辻切などを出さないための監視体制の一つと思われます。十人組に編成された者は、諸奉公人より下とみられた下人や町人のことを指していると思われます。

秀吉御掟から6年後、江戸幕府が成立した慶長8年（1603年）、京都惣中の家主長次郎が惣中宛てに出した書状に、「今度、公儀より十人与の儀仰せ出だされるについて」との文言が残っています。つまり、公儀（徳川幕府）も豊臣時代の五人組、十人組の御掟を京都の統制のために取り入れたものと推定されています。

こうした情報伝達、相互監視、連帯責任など町の治安維持としての五人組については秀吉の時代から始まりますが、そのほかにも五人組としての組織はすでにできていたといいます。

戦国時代の島津氏では家臣団が五人組として組織されています。天文8年（1539年）の島津忠良と貴久の署名のある「掟」に「諸士衆中、忠孝の道第一に相守り、五人与（組）仲睦まじく交じるべき事」と書かれています。この頃、島津一族は分裂して激しい争闘の最中にありました。そこで家中の離反を抑え引き締めるために「掟」がつくられました。「諸士衆中」とは、おそらく島津氏本城の鹿児島城下町に常住する直轄軍団に対し、団結を図るためにつくられた五人組編成と思われます。「下々」の十人組についてもいくつか関連資料がありました。それは天正9年（1581年）、前田利家が越前の国（福井県）の「大井村百姓」に対し、年貢米を「十人者」に催促している文書が残っています。ここでいう「十人者」とは、十軒を一組とする連帯責任組織と考えられています。前田氏の別の文書には「組中」という文言がありますので、「組」を単位として民を支配するための組織だったと思われます。

以上のように、秀吉御掟における五人組は主に侍が対象で、十人組は庶民を対象として組織編成されていたと判断されます。ちなみに小瀬甫庵の「太閤記」の記載をみますと、朝鮮出兵の「馬廻組」（秀吉直轄軍）は「伊藤組」「河井組」「真野組」「尼子組」「速水組」から構成され、各組は20騎から30騎ほどとされています。各組の侍大将は組頭と呼ばれていたようです。領地に住む家臣を対象とした統制ではありますが、同書の「加賀勢越中表働事」に「天正十三年八月二日（中略）利家、利長は鳥越の城押さえとして備えつつ、弓、鉄砲の者三百人、組頭六、七人さし添え、張り出し押さえ置きし処に」とあります。こうした戦場における足軽や雑兵の隊編成からヒントを得て、伏見城下の治安維持のため秀吉御掟がつくられたのではないかと考えられます。

「御掟」は伏見在住のすべての大名にも通達されています。豊臣五奉行から佐竹義宣（水戸城主）宛ての文書には「辻切、すり、盗賊の儀について、仰せ出だされ一書これまいらせ候、然らば御家中侍五人、下人十人組の連判、急度《きっと》仰せ付けられ、あげられるべきの旨候、かの盗賊人の儀申し上げ候、訴人下され候金子主人として出だされるべきの旨、高札立て置かれ候様、御油断無く仰せつけられるべく候、恐惶謹言」とあります。この文書によりますと、訴人の褒賞金は佐竹家から出すべきこと、高札を立て置くべきことなど、具体的に指示を出しています。諸大名はこのことにより五人組、十人組による支配の仕組みを認知していました。徳川幕府に政権が移った後、大名家臣団の番組制、領地の町・村の統治に応用されていくことになります。

3　徳川時代の五人組

寛永10年（1633年）、徳川幕府は禁教と貿易統制を目標に、日本人の海外渡航禁止と外国船来航規制を断行する鎖国令を発します。それ以降、幕府はいっそう内政強化を図っていきます。そのため末端行政の統治機構、特に村に対する五人組制度も強化されていきます。寛永17年

（1640年）、信濃国（現・長野県）佐久郡下桜井村の五人組一札に書かれたルールと義務を要点だけ紹介します。

一、　五人組の編成―よき者や親類ばかりで組み合わせない
二、　キリシタン改めの吟味
三、　盗人を捕え差し上げる
四、　奉公人の年季を十年とする
五、　人身売買を禁止する
六、　川底のさらい、耕作につとめ、年貢を完納する
七、　御蔵の番をよくし、盗まれれば弁償する
八、　年貢を納めず、村から逃げる者の年貢は村中で納める事
九、　年貢として納むべき物を勝手に売らない
十、　百姓は木綿・紙子（紙製の着物）を着用する
十一、道・橋を悪所のないように常に整備する
十二、竹木を勝手に伐採してはならない
十三、博打、宝引など諸勝負禁止
十四、所用で村外に出るときは庄屋（名主）、五人組に届ける

十五、御役を果たし、手代衆からの配布物は間違いなく配達する
十六、絹・紬の寸法を守る事
十七、一人者・手負いの者を宿泊させない
十八、茶筅髪・大脇差の格好をし、農業をせず遊びをしている者を告発する
十九、人を集めて一揆を企てるような行為をしてはならない
二十、この法令を百姓すべてが連判し、手代衆に提出する
二十一、漆木など樹木・竹木を植える事

●五人組の組合せ

五人組の組合せについて「よきもの」や「親類ばかり」で組み合わせないこととしています。「よきもの」というのは、田畑の所持高が多い富裕農民のことを指しています。下桜井村の寛永14年（1637年）の名寄帳によりますと、29世帯のうち1石以下3世帯、1～4石が5世帯、5～9石5世帯、10～14石6世帯、15～19石6世帯、20石以上4世帯となっています。富裕農家といわれる10石以上の田畑を所持するものが20世帯と村人の半数以上を占め、20石以上4世帯のなかには50石にちかい田畑をもつ大地主もいました。田畑の所持高が10石以上の場合、家族労働と奉公人を1人か2人使用して経営が成り立つといわれます。5～9石の田畑を所持する農民は中堅で、一部は富裕農民の土地を小作させてもらって自立できることになります。4石以下が小

作農民で、富裕農民の分家か「抱《かかい》」といわれ、実際上は一軒前として独立していないが、帳面上は百姓として認められていたようです。下桜井村で五人組を編成する場合、富裕農民同士でなく、10石以下の所持高の家を交えて組とすることになっていました。その主なねらいは、貧しいものから年貢未納者が出た際に、その組の連帯責任で納めさせること（弁納）が目的でした。また、親類ばかりで組み合わせると相互監視体制が緩み、告発しにくいことを考慮したものとみられています。このように、基本は年貢をきちんと徴収することを前提とする藩政府の五人組に対する位置づけは明白でした。

●キリシタン改めの徹底

寛永10年に日本が「鎖国」した目的の一つはキリシタン根絶のためでもありました。それでも4年後の寛永14年に島原・天草の乱が勃発します。幕府軍に多くの死傷者を出し、鎮圧するまで約半年を要するのです。幕府の存廃を危うくするのはキリシタン信仰であるとみなされ、諸大名にキリシタン改めを強化させ、改宗しないキリシタンは火あぶりの刑か斬罪に処します。下桜井村の五人組一札では、毎月のようにキリシタン改めを行い、もしキリシタンがいれば、五人組・庄屋（名主）はいうに及ばず、村中の百姓まで連座し御仕置きにされても致し方ないとされていました。ここでいう御仕置きが死罪であれば、村がなくなるという脅しでした。

●年季は10年

寛永10年に幕府がつくった法令に、「男女抱え置く年季十カ年を限るべし」とあります。これは奉公人の年季ですが、奉公人とは商人や村の地主などの使用人を指します。また、富裕農民には下人と呼ばれる奉公人もいましたが、いずれも10年以上召し使ってはならないとしています。半永久的に使役させるのは奴隷的である、として認めていません。徳川幕府は基本的に人身売買を禁止していたのです。

●河川管理・道路管理

川除けとは堤防を堅固にし、川底をさらうことです。洪水になって田畑が冠水し打撃を受けないように、川普請を共同責任としていました。また、道路や橋は村の共有ライフラインとして、村中総出か、あるいは五人組が輪番で作業していたようです。

●年貢米の蔵番

年貢米が入っている蔵や村の番を義務づけています。これも五人組単位で行い、万一盗まれたり火事などで失うことがあれば、村で弁償することとされていました。

●年貢未納者の年貢は村の責任で納める

年貢の納め方は各地域によって多少異なりますが、基本的には「郷中《ごうちゅう》」といって、村の責任ですべて納入することとし、これを「村請制」と呼んでいました。

いずれにしても、江戸時代の一般的な五人組は幕藩体制を支える末端の行政機構（共同体）として重要な機関となっていました。

明治維新の100年前、明和4年（1767年）上杉鷹山公が米沢藩の第九代藩主として家督を継いだ頃にも、各藩で五人組、十人組の支配の仕組みは一般化していたと思われます。多くの五人組制度が百姓、商人、職人等の町人たちを対象とした、木綿着用から始まり強圧的な相互監視、連帯責任、年貢徴収を主体とする藩の都合のための統制であり行政組織でした。

上杉鷹山公が推進した五人組、十人組、五箇村組合にも、共同監視・連帯責任・年貢徴収という基本概念はあったと思いますが、その根本は、どんな身分であっても同じ人間であり、その人間の幸福を目的とした隣組であったように思われます。つまり、鷹山公が藩主となった米沢藩の は他藩の五人組とはまったく異なり、人道的な助け合いの精神を具現化するものでした。そのなかには災害に遭遇した人や村に対して共同体のあり方や、病人、障がい者、高齢者、孤児、寡婦など社会的弱者に対する支援や助ける仕組みとして人道的な具体策を示したことも、当時としては画期的な隣組の仕組みだったと思われます。それは、米沢藩の、というより、鷹山公の思想・哲学であり美学であったと思います。

江戸時代の一般的な五人組の主な役割として、年貢徴収とあわせて、防犯・防災の責任もありました。安永8年（1779年）、摂津国・永井領津江村で五人組の連判した「定」は以下のようなものでした。

一、火けし　歩米三升
一、堤水番　右　同断
一、用水　右　同断
一、悪水　右　同断
一、井路さらへ右　同断
一、もかり　右　同断
一、もらい水　右　同断
一、夜ばん　右　同断
一、村中家別惣出不参　右　同断

この文書の末尾には村役人と五人組が連判しています。つまり、火災が発生したときは全員が協力して火消しをしなければならないとし、「歩米三升」というのは、もし労働力が提供できなかった五人組は米三升を納めよということです。この「定」は村の共同作業について五人組単位で参加することが前提であったことを示しています。「歩米三升」は参加しない組への罰金でもありました。火事は出さない、火事を出したら五人組の連帯責任となっていました。こうした防犯防火のための夜回りなども義務とされていました。万一、村の「掟」や「定」に違反し、よほどのことがあった場合は、村八分または組八分とされ、五人組から追放されることになります。他の村人から一軒前として認められず、口をきいてくれなくなり、付き合いも絶たれてしまいます。ただ、村八分というように、八分のつき合いはしないということです。ここでいう八分とは、「冠」(元服)、「婚」、「建築」、「病気」、「水害」、「旅」、「出産」、「年回忌」を意味します。後の二分は例外とされています。二分とは「火事と葬式」です。村八分で爪はじきされている家でも、火事や葬式だけは例外として対応することになっていました。しかし、実際には1人では百姓は成り立たないし、普段から誰も口をきいてくれないため、村を出て行かざるをえなくなってしまうといわれています。村八分、組八分は農作物を盗んだ場合等「不法不実」があった者に対し、村で合議して決めていたようです。

しかし、地域によってはもっと厳しい村の掟があったようです。武蔵野国多摩郡中藤村の利右衛門と「組合内の者一同」が村方に対して「不法不実」があって、村役人・惣百姓が相談して次のように決めたという文書では、「利右衛門ならびに同人組合の者一同へ以来、名主方より触れ候御用村用の儀は突合(付き合い)いたし相勤めるべきはず、その余、普請ならびに祝儀不祝儀・月待・日待そのほか何によらず、一切突合致し候者これあり候はば、見付次第銭三貫文に過料銭差し出し申すべきはず」となっています。どんな不法不実があったかはわかりませんが、この文書によれば、利右衛門組とは公用・村用のほか祝い事や弔い事、月待・日待というような村人同士の行事や会食などいっさいの付き合いをしないという厳しいものでした。もし付き合う者は、罰金として銭三貫文（約30万円～40万円）を徴収するというのですが、この場合は組ごと「五人組はずし」として村から連帯して制裁を受けた例です。

4　五人組から町内会・部落会へ

江戸幕府が崩壊し新政府により近代国家がスタートし、明治時代になると、地方自治制の成立過程で、五人組の制度も行政の補完組織として維持されていきます。明治3年（1870年）、武蔵野国多摩郡吉祥寺村（現・東京都武蔵野市）に残る「五人組議定書」には、「取極め申す議定の事」とあり、以下のような内容となっています。

一、今般御一新に付き、五人組の儀は家並・最寄を以って組み合わせ、親戚同様親しく相交わる旨御布令に付き、村中相談を以って夫々組替に相成り候処（中略）町場一組に取究め、尤、その中五組に分け、組中一同入札を以って惣代組頭役相立て、その身一代相勤めさせ、組合内祝儀披露の儀は向こう三軒両隣の外、組合惣代として組頭五人を相招き申すべし（後略）

この資料からみますと、明治政府が五人組をあらためて編成し直していることがわかります。編成の仕方は「最寄・家並」となっており、土地所持高の組合せではなく、近くの家同士で五人組を編成することが原則となります。向こう三軒両隣の考えは江戸時代にはなかった地縁組織です。この向こう三軒両隣の組織が、太平洋戦争中に江戸時代の五人組のように使われることになっていきます。新政府の五人組帳には、江戸時代になかった名前（苗字）が書かれています。江戸時代には農民に名字はないというように思われるかもしれませんが、それは江戸幕府の身分差別政策によるものでした。実際には本家・分家の関係で名字は継承されています。たとえば、神社仏閣への寄付・寄進などには名字が書かれていました。そのほか江戸時代と変わった点といえば、五人組頭は伍長と肩書きが変わったこと、そして村役人の組頭・百姓代が五人組に編入されているということ、つまり、村役人制がなくなったことを意味しています。

「市制町村制」施行前年の明治21年（1888年）、全国的に大規模な町村合併が推進、というより強行されます。その結果、平均して5、6カ町村を統合した新町村が成立し、町村数は7万435町村から1万2247町村へと激減します。合併統合された村を「行政村」と呼び、合併前の旧村を「自然村」と呼びました。明治の町村大合併により全国の自然村は行政村の一部として組み込まれますが、旧村の財産統合は見送られ、財産区として残されます。その後自然村は行政区となり、行政区は町内会、部落会へと移行していきます。

明治43年（1910年）、信濃国下高井郡平穏村の「伍人組規約」を紹介します。

第一条、伍人組ハ本区内各自ノ安寧ヲ維持シ幸福ヲ増進スルヲ以テ目的トシ徳義上自治機関ノ運用ヲ助クル者トス

第二条、伍人組ハ一家同様ノ親睦ヲ旨トシ隣佑凡ソ五戸ヲ以テ組織スベシ但シ寄留人ハ其最寄組合ニ加入セシムベシ

第三条、組合ハ伍長一人ヲ選挙シ組合諸般ノ事務ヲ委任スベシ伍長ハ丁年以上ノ男子ニテ無給トシ其任期ハ三ヵ年トス（中略）区長若クハ組惣代ヨリ其理由ヲ示シテ改選ヲ促ス事アルトキハ速ニ改選スル者トス

第四条、伍長ハ区長及惣代ノ協議ニ従ヒ又ハ自己ノ任意ニ依リ組合内ニ於テ左ノ事項ノ実行ヲ務ムル者トス

一、学童児童ノ就学奨励ヲナス事

二、衛生上互ニ協力誘掖シテ予防消毒方法ヲ周到ナラシメ伝染病者発生ニ際シテハ組内ニ警告シ自ラ進テ隔離病舎ニ入ラシメ決シテ隠蔽ナカラシムル事

三、（中略）

四、租税ニ滞納ナカラシメ且税金取纏メ方等ノ補助ヲナスコト

五、兵役ノ義務ヲ完全ニ尽サシメ且之ヲ優待スル義務ヲモ尽サシムルコト

（中略）

第六条、伍長ハ組合ノ主旨目的ニ必要ナル事項ニ関し区長若クハ組惣代ノ協議及ヒ諮問ニ答フル事ヲ辞スルヲ得サルモノトス

（中略）

第十条、本規約ハ明治四十三年四月一日ヨリ実施ス

明治38年（1905年）、日本は大国ロシアとの戦争で欧米の予想を裏切り見事に勝利します。平穏村がこの「伍人組規約」で動いていた明治43年は、日韓併合の年でもあります。明治維新という革命の後、日本は欧米に追いつくために涙ぐましい努力を重ねていました。そして、辛うじて勝ち取った「ロシアに勝った」という甘い余韻に酔い痴れず、奢らず、早期講和を目指すという現実的な政治家たちがいたのです。欧米を視察し、進んだ文明、発達した商工業、豊かな資源を目の当たりにしていた明治政府の指導者たちは、欧米と日本との間にはまだまだ距離があることを知っていました。ですから、日本は真一文字に富国強兵の国策を定めて近代国家確立を目指している最中でした。一方、農村では行政区の下に町内会、部落会とかたちは変わっても、江戸時代から続いてきた五人組の名残として「伍長」などの言葉が存続しています。行政区の機構は

区長・組惣代・伍長となっていきます。江戸時代から脱皮して近代化を図りつつも、日本の村社会では五人組を必要としていたものと推察されます。

平穏村の「伍人組規約」では、江戸時代のようなキリシタン弾圧、年貢納入共同責任などは省かれ、士農工商の身分制度や封建制度からの解放がみられます。しかし、その分兵役が課せられるなど、新たな義務が加えられているのが特徴です。明治末期から大正にかけて、名称も「伍人組」から「町内会」「部落会」に移行するなど、古代から引き継がれてきた五人組の呼び名は姿を消し、行政の末端組織的部分を残しつつ、自治組織としての役割をもつようになっていきます。44万戸を超える家屋が焼失し、10万5000人の犠牲者を出した大正12年（1923年）9月1日の関東大震災。そのとき、神田区佐久間町・和泉町の人たちは町を守るために逃げず、押し寄せる猛火に立ち向かい35時間にわたって火と闘い、町を守り抜きます。平成10年に発行された「新編・千代田区史 通史編」には次のように書かれています。

被害の激しかった下町地区のなかで、ぽっかりと島のように白く浮かび上がる地域がある。一日午後四時ごろ、南風に煽られて神田方面から燃えてきた火は神田川南岸に及び、佐久間町一帯にも盛んに火の粉を振りまいた。このとき町内の人々は結束して、避難よりも延焼を防ぐ努力を優先した。続いて夜八時ごろ、秋葉原駅方面から襲ってくる火に対してもひるむことなく消火活動を続け、二日午前一時ごろには火をくい止めた。更に二日午前朝八時には蔵前方面から猛火で延焼の恐れが出てきたが、長時間にわたる必死の消火活動の末、午後六時ごろまでに完全に消し止めた。実に丸一日以上に及ぶ町内の人々の努力が実り、この町を火災から守ったのであった（一部抜粋）。

後に関東大震災の奇跡と呼ばれる同町の防火活動を伝える記録には「浮足立った人々に、当時の貴族院議員や町内会長が大声で桶やバケツをもって集まれと号令をかけた」と、「町内会長」のことが書かれていますので、当時はすでに伍人組ではなく町内会とか町会などと呼ばれていたものと考えられます。この話が日本中に流布されますと、それまで町内会がなかった地域でもその必要性が認識され、一気に町内会結成が進んだといわれています。

大正末期から昭和にかけて不況の波が農村も襲います。危機感を募らせた農村部では「自作農創設維持」、「農村教化運動」、「農村更生運動」などが打ち出されます。特に世界恐慌（1929年）が発生したときは、生糸価格などの暴落を契機に養蚕農家が壊滅的打撃を受けます。さらに農作物の不作も続き全国の農村貧困が深刻化、慢性化していくのです。そうした農村の恐慌対応策として節約と勤勉を強調する「農村更生運動」が国策として推進されます。その推進母体となったのは都市部の「町内会」と並んで組織されていた農村部の「部落会」でした。そして昭和

10年（1935年）には「庶政一新」のかけ声のもと、国家的要請に対応し「選挙粛清運動」が展開されますが、その際も部落会と町内会が並んで実行組織として利活用されます。特に昭和12年（1937年）の日中戦争とともに戦時体制が強化されていくにつれて、部落会と町内会は市町村の事実上の下部組織として位置づけられるようになっていきます。

5　戦時下の隣組

(1)　隣組の始まり

昭和の隣組は、戦時体制のためにつくられた強制的戦時組織です。本来の隣保共助としての共同体は自発的に、あるいは自治組織として組織されるべきですが、日本では五保、五人組、そして昭和の隣組、それらすべて時の権力者の都合で強制的につくられてきました。私が提唱する「防災隣組」は、自分や家族のために自らの意思でつくる自由な共同体をイメージしています。戦前、戦中の隣組はその対極にあるものです。そこで、二度と繰り返してはならない不条理な反面教師として、この項では極力詳細に戦時下の隣組を徹底検証したいと思います。

昭和12年（1937年）、日中戦争が勃発すると、日本は総力戦を戦うためとして「総動員体制」を急速に固めていきます。総動員体制とは、国民全員を戦争に協力させ貢献させるための体制づくりのことです。政府は日中戦争発生後の昭和12年8月24日に「国民精神総動員実施要綱」を閣議決定し、10月12日には「国民精神総動員中央連盟」が結成されます。国民精神総動員中央連盟は、馬場鍈一内相・安井英二文相が主導して、有馬良橘海軍大将、司法官僚の小原直、農林官僚の松村謙三、右翼といわれた井田磐楠、王子製紙会長の藤原銀次郎ら政官財の有力者を集めて発足します。

国民精神総動員運動によって戦時体制が整備されていき、昭和12年10月に精神総動員強調週間、11月に国民精神作興週間、1938年2月に肇国《ちょうこく》精神強調週間がつくられ、「神社参拝・教育勅語の奉読・出征兵士の歓送・柔剣道の鍛錬・ラジオ体操の奨励・戦没者慰霊祭・軍人遺家族慰問・国防献金」など、矢継ぎ早に国民の一挙手一投足まで強制されるようになります。昭和13年（1938年）2月に「愛国公債購入運動」が、6月には「貯蓄報国強調週間」が、7月には「一戸一品献納運動」が実施されて、国民が国家に対して経済的協力を奨励され、精神とあわせて経済力も動員されるようになっていきます。

そして、昭和13年、第一次近衛内閣によって第73議会に国家総動員法が提出・制定され、同年12月20日に公布されます。この法律は、敗戦後名目を失い、国家総動員法および戦時緊急措置法廃止法律（昭和20年法律第44号）に基づき昭和21年（1946年）4月1日に廃止されるまで続くことになります。総動員法は第一次世界大戦の戦訓により、戦争における勝利のためには国力のすべてを軍需へ注ぎ込み、国家として総力戦体制をとることが必須、との認識が内外に高まっていたからでもありました。日中戦争の泥沼化に伴い、当時の日本経済では中国で活動する大軍の需要を平時の経済状態のままで補うことはできなくなっていたと思われます。

この法律は、総力戦遂行のために国家のすべての人的物的資源を政府が統制運用（総動員）できるように規定したものです。国家総動員法制定によって戦時体制下、国民生活のあらゆる部門にわたる権限を手中にした政府・諸官庁は、上意下達の情報宣伝誌紙として〝週報〟を発行し、最終的には回覧板に載せられた〝回報〟などによって、一般市民に国家統制を徹底していきます。その回覧板の情報は隣組組織によって全世帯に届けられることになります。戦時中の忌まわしい記憶の一つが「隣組」という言葉に象徴されるという人もいますが、それまでの町内会・部落会にかわりこの隣組という言葉が最初に登場するのは、昭和13年5月14日の東京市告示第240号「東京市町会規約準則」だとされています（画像⑮参照）。東京市の場合、この準則が制定された当時、すでに3000を超える町内会が結成されていましたが、この準則第31条の、

一、隣接スル五世帯乃至二十世帯
二、五世帯以上ヲ収容スル「アパート」
三、貸事務所其ノ他ニシテ五世帯以上ヲ収容スルモノト看做シ得ルモノ

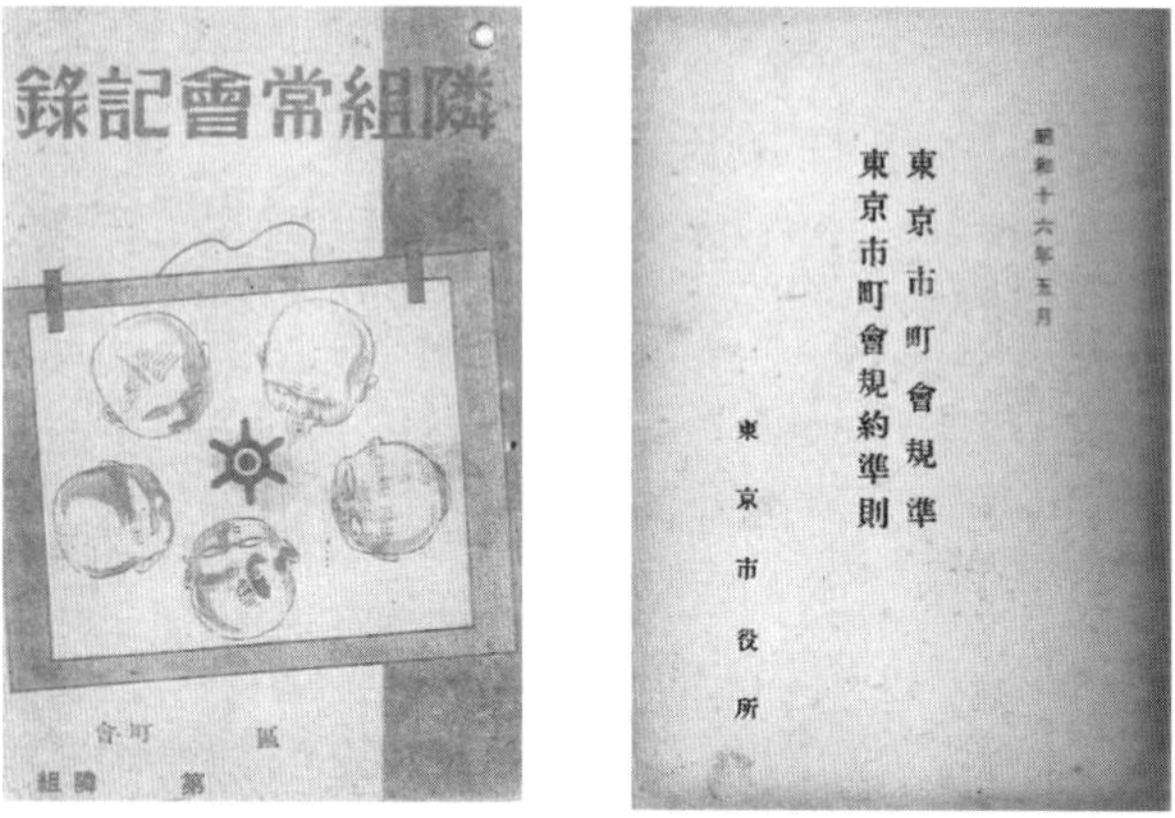

⑮隣組常会記録（東京市発行）東京市町会規準・東京市町会規約準則

という設置基準に則して隣組の設置は急速に進むことになります。半年後の11月には隣組は10万組を超え、東京市民のほぼ全世帯の組織化が完了します。設置当初は「古来ノ隣保相助クルノ醇風を顕彰スルモノデ、洵ニ自治ノ根源深キモノ」（東京市布告諭第3号、昭和13年4月17日）と書かれているように、住民の助け合いと自治組織の側面が強調されていましたが、それは束の間でした。翌昭和14年（1939年）9月14日に内務省地方局長から各地方長官宛に出された「市町村ニ於ケル部落会又ハ町内会等実践網ノ整備充実ニ関スル件」では、

市町村ニオケル部落会又ハ町内会ハ隣保相互、相互教化ノ精神ヲ基調トシテ相結合シ上意下達、下意上達ノ機会トナリ常ニ地方自治

振興発展ノ根基ヲ鞏固ナラシムルノミナラズ今次事変下ニ於テハ国民精神総動員、銃後後援、生産力拡充、貯蓄奨励、金集中、物資物価ノ調整等重要国策ノ趣旨ヲ徹底シ全国民ヲシテ協力実践ヲセシムル機構タラシムルハ極メテ有効ニシテ且緊要ナルコト

として、早くも衣の下の鎧がみえ本来の意図があらわにされるのです。昭和15年（1940年）9月11日の内務省訓令17号「部落課会町内会等整備要領」にあるように、

一、隣保団結ノ精神ニ基キ市町村内住民ヲ組織結合シ万民翼賛ノ本旨ニ則リ地方共同ノ任務ヲ遂行セシムルコト
二、国民ノ道徳的錬成ト精神的団結ヲ図ルノ基礎組織タラシムルコト
三、国策ヲ汎ク国民ニ透徹セシメ国政万般ノ円滑ナル運用ニ資セシムルコト
四、国民経済生活ノ地域的統制単位トシテ統制経済ノ運用ト国民生活ノ安定上必要ナル機能ヲ発揮セシムルコト

という「目的」、つまり、「隣保相互」が消え「隣保団結」「地方共同の任務」になってしまったのです。設置当初の「隣保相助クル、自治ノ根源深キモノ」も影を潜めていきます。政府はこの

頃からなりふりかまわず戦争への道に向かっていきます。これにより江戸時代の五人組、明治維新後の町内会・部落会から発展した隣組は、正式に市町村の下部組織として制度化され、当時進行しつつあった新体制運動の〝上意下達〟の末端組織に組み込まれることになります。

さらにこの「要領」では、「常会」という集会を市町村・町内会・部落会・隣保（隣組）の各段階で開くこととしています。これは昭和16年（1941年）11月20日の内務省通牒の「常会定例日ノ設定ニ関スル件」により全国的に定例化されるようになっていきます。この通牒に先立つ同年7月30日から発行されていた回覧板「週報」（情報局編）の11月26日号には「常会の定例日・全国的に統制されます」のタイトルで、次のような記事が書かれています。

常会定例日が全国的に統制されることになりました。今まで常会の定例日は、地方により或る程度統制されてゐましたが、今日では、常会は最早地方的なものから国民常会としての重大な意義を持つやうになりましたので、今回内務省では、常会定例日の設定要領を左表のやうに定めて、全国的に統制することになりました。

とあり、さらに「常会定例日設定要領」として、常会定例日は夫々左の期間内に於て之を設定すること。

市町村（六大都市に在りては区以下同じ）常会・自毎月二十日、至毎月二十五日、部落会及町内常会は自市町村町会終了後至毎月五日、隣保常会は自部落常会又は町内会常会終了後至毎月五日。

と規定しています。つまり、市町村単位、部落会・町内会単位、隣保（隣組）単位の常会の日程まで国家が統制していたのです。

政府は戦争への道をひた走り続けていきます。天皇（国体）への忠誠心や戦争への積極的協力を強めるために採用したスローガンは「挙国一致」「尽忠報国」「堅忍持久」の三つであり、昭和14年3月には平沼騏一郎内閣の荒木貞夫文相を委員長とする国民精神総動員委員会が設立され、「国民の戦意高揚」推進を図ります。国民精神総動員運動は国民の戦意高揚を目的とする官製国民運動でしたが、その下部組織に「部落会・町内会・隣組」が組み込まれていきます。

また、その頃は「興亜奉公日《こうあほうこうび》」というものがありました。興亜奉公日というのは、国家総動員法制定後に全国で展開された国民精神総動員運動の一環で、昭和14年8月に閣議決定されたもので、同年9月から昭和17年（1942年）1月まで毎月1日に実施された生活運動のことです。

全國民ハ擧ツテ戰場ノ勞苦ヲ偲ビ自肅自省之ヲ實際生活ノ上ニ具現スルト共ニ興亞ノ大業ヲ翼贊シテ一億一心奉公ノ誠ヲ効シ強力日本建設ニ向ツテ邁進シ以テ恆久實踐ノ源泉タラシムル日トナスモノトス。

という趣旨で、国旗掲揚・宮城遥拝・神社参拝・勤労奉仕などが行われました。また、食事は一汁一菜とし、児童生徒の弁当は日の丸弁当（ごはんと梅干）とすることまで求められるのです。これに伴い、飲食・接客業の多くは休業することとなっていきます。

昭和16年12月8日午前7時の時報に続いてラジオは臨時ニュースで日本軍が宣戦布告し米英軍と戦闘状態に入ったことを告げます。ハワイ真珠湾攻撃とともに太平洋戦争の開戦です。ラジオは「このままスイッチを切らないように」と注意を促し、国民はラジオにくぎづけになり、次々に報道される戦勝ニュースに熱狂し、天皇の宣戦詔書や東条英機首相の談話に耳を傾けます。新聞各社も戦勝を大きく報道します。翌9日の朝日新聞朝刊には「ハワイ・比島（フィリピン）に赫々の大戦果」、「米海軍に致命的大鉄槌　戦艦六隻轟沈大破す」、「比島で敵機百機を撃墜」などの見出しが躍りました。開戦と同時に大政翼賛会や新聞社の主催で「米英打倒国民大会」などが開かれ会場は興奮した聴衆の熱気に包まれたと報じられていました。いまになれば無謀で愚かな戦争ということもできますが、先鋭化する国益論と国際外交の拙劣さもあって、泥沼化する日中戦争に嫌気がさし、ＡＢＣＤ包囲網にいら立っていたときでしたので、大多数の国民感情はこのままでは日本はジリ貧になり、4等国になり下がってしまう、戦争も仕方なし、という風潮に傾いていったのです。

ここで少し開戦前にさかのぼってみます。日本は昭和12年から中華民国との間で日中戦争が続いていました。日本が中華民国に軍を進め占領していきます。また、パネー号事件などの日本軍によるアメリカの在中国権益侵害事件が発生するにつれ、中国における権益確保をねらっていたアメリカでは人種差別的意識も相まって、対日経済制裁論が急速に高まります。そして、昭和13年に近衛内閣が発表した「東亜新秩序」声明に強く反発し、アメリカは態度を硬化させ、昭和14年、日米通商航海条約の破棄を通告してくるのです。昭和15年1月に条約は失効し、アメリカはそれまで日本に輸出していた屑鉄、航空機燃料（主にハイオクタン価ガソリン・エンジンオイル）などの輸出制限を加えてきます。それまでアメリカの資源供給に頼って戦争を遂行していたため、その供給が断たれると日本は一気に苦境に陥ります。7月には石油などの資源を求めて南方進出基地を設置するため、日本はフランス領インドシナ南部に進駐します。アメリカはこの件に対する制裁として対日資産の凍結と石油輸出などの全面禁止措置をとり、さらにイギリスにも呼びかけ、イギリスの対日資産凍結と日英通商航海条約等の廃棄をさせます。これらの対日強硬政策に対しイギリス首相ウィンストン・チャーチルは「英米両政府は緊密な連携で日本の絶対必要な石油供給を一気に断つことができた」と語っています。米英を中心とする対日経済封鎖はABCD包囲網（A（アメリカ）、B（イギリス）、C（中国）、D（オランダ））と呼ばれます。9月、日本は御前会議を開き、戦争準備をしつつ外交交渉を継続することを決定します。11月に甲案・乙案と呼ばれる妥協案を示して経済制裁の解除をアメリカに求めます。

しかし、アメリカはイギリスや中国の要請もあって、中国大陸からの日本軍撤退、日独伊三国軍事同盟の破棄、国民党政府以外の否認等を要求するハル・ノートを提出してきます。そこには暫定かつ無拘束と前置きには書いているものの、日本側が最終譲歩案としていた乙案受諾不可を通知するものとなっていました。アメリカは在米日本大使館と日本政府との暗号電報をすべて傍受解読していて、最終的に日本が戦争決断をし向ける回答をしたのです。時の駐日アメリカ大使のジョセフ・グルーはハル・ノートを手渡したときのことを1941年11月29日の日記にこう記していました。「もし、日本が南方における主導権を軍隊によって追求しようとするならば、日本はすぐにABCD諸国と戦争になり、疑問の余地なく敗北し、三等国になるであろう」と。翌月、日本は開戦に踏み切ります。

昭和17年開戦の翌月、1月2日の閣議で大詔奉戴日（毎月8日）が設定されると、興亜奉公日は廃止されますが、その間は毎月1日の興亜奉公日を中心に隣保常会を定例日と定められ、昭和17年1月元旦から隣保常会、市区町村常会が実施されていきます。特に太平洋戦争（大東亜戦争）

開戦の直後、12月11日の次官会議で「常会徹底事項ノ調整方策」が決定され「何月の常会徹底事項」などと「週報」をはじめとする文書や、ラジオなどを通じて上意下達の徹底を図るようになっていきます。

(2) 田園調布の隣組

話は前後しますが、当時の東京市田園調布地域での町会・隣組がどのように整備されていったかをみてみます。いまでは高級住宅街の象徴とされる田園調布(大田区)は、当時東京市大森区に属していました。理想的な住宅地「田園都市」開発を目的に1918年に実業家・渋沢栄一氏らによって株式会社が設立され、中流階級向けの住宅地開発が始まります。東京急行電鉄(東急電鉄)による交通網の整備もあって、都心至近距離にある東京郊外の新興住宅街として注目を集め文化人や知識人などが多く住むようになっていましたが、それでもまだ畑や田んぼも多く都市と田舎が混在する地域でした。田園都市株式会社によって開発分譲された田園調布駅を中心とする一帯(当時の3丁目西部、現在の3丁目、2丁目の大部分、4、5丁目の一部を含む)の住民組織として設立された「社団法人田園調布会」の機関紙「田園調布会誌」に「隣組」という言葉が登場するのは第11巻第3号(昭和13年7月)からです。前述した昭和13年5月14日の東京市告示第240号の「東京市町会規約準則」が出された直後の5月23日の評議員会に「町会整備ニ関スル

件」として、

山口書記ヨリ東京市ニ於テ町会ノ準則ヲ制定シタルコト、各町会に隣組ヲ作ルコト、ナリタル次第ヲ述べ、議長ヨリ補足説明アリ漸次具体化シタル場合報告スルコトニシタト述べ一同之ヲ承認ス。

と記されています。次いで4号（11月）では10月18日理事会議事録には「隣組設置ニ関スル件」として、

議長、隣組設置ヲ必要トスル理由ヲ説明且ツ東京市ノ隣組規準ヲ朗読シ『本会ニ於テハ既ニ成立シタル防火群ヲ其儘隣組トシ、群長各位ニ隣組々長ノ兼任ヲ乞ヒテハ如何』ト述べ、異議ナク可決、隣組ニ関スル規定ヲ起草シ評議員ニ提出ノコトニ決ス。

とあり、同号の編集後記に

先頃御通知申上げましたやうに『隣組』が出来ました。今迄本会から会員へ直接御届けしました書類はすべて本会―組長―会員の順序で配布します。

とし、さらに新聞紙法の適用により巻号を改めての次号（第1巻第1号、昭和14年2月）には、会員へのPRのため、これらの文書をまとめた「町会読本」の最後の項目で「本会の態度」として次のように書かれています。

以上で町会の現在の状態、東京市の整備方針は略々御了解が出来たことと思ふのであるが、大森区に於ても市の方針に基き町会整備委員が設けられ、合併、分割等によって、所謂、一町、一丁目一町会を実現させるべく努力中なのであるが、本会としてはさしあたり、区域、組織、会員数等其他他市の要望するところに背馳せざるものと認め、本会の現在の姿のまゝ、隣組を設定することとしたのである。此の間、或は本会区域の一部を分割して他町会と合併するがよいとか、又本会はありのままの姿を以って東京市の町会基準に副ふものと決定したのであった。（以下略）

田園調布会の区域、組織等はそのままに、92の隣組が誕生します。ちなみに昭和13年4月1日現在で同会が調査した戸口数は、607戸、3718人（うち家族2470人、同居人116人、使用人862人）となっています。その後戸口の漸増につれ、昭和15年5月にはいったんこれを改組して82組とし、昭和19年には84組へと増加していきます。

隣組の唄

昭和16年太平洋戦争開戦の前年、昭和15年に「隣組」という唄がつくられます。

「隣組」作詞：岡本一平・作曲：飯田信夫・唄：徳山璉

とんとんとんからりんと隣組
格子《こうし》を開ければ顔なじみ
廻して頂戴 回覧板
知らせられたり知らせたり

とんとんとんからりんと隣組
あれこれ面倒味噌醤油
ご飯の炊き方垣根越し
教えられたり教えたり

とんとんとんからりんと隣組
地震や雷 火事どろぼう
互いに役立つ用心棒
助けられたり助けたり

とんとんとんからりんと隣組
何軒あろうと一所帯
こころは一つ屋根の月
纏められたり纏めたり

田園調布の隣組推移については「田園調布会誌」の第二巻第三号では隣組の唄の歌詞などを取り入れ「隣組の成長」に次のように記されています。

トン〱トンカラリンと隣組の唄で子供たちにもお馴染になって仕舞った隣組も、まだ出来たてのホヤ〱、評判程実力は無いのではあるまいか、言わば形だけは出来て本当の仕事はこれからであらう。所謂『したり、されたり』の隣組精神も、隣組の一軒々々が自然と左様した気持ちになって行かなければ本当のものでない。最初は防火群であった。之も自発的に出来たものでは無かった。次いで之が変形されて隣組になった。理想的な組織には違ひないが、単に形式として理想的だったに過ぎなかった。図解をすれば、細分組織によって、一つの知らせなり、命令なりが、家々に残らず行き亘ることになって如何にも明快ではあるが、所詮、家々に魂が無ければ実効は望まれないのである。

隣組の出来はじめには、何かを隣組に知らせる方法が研究された。本会では逸はやく、「リレー袋」なるものを拵えて、組内へ廻すことにしたが、東京市が之を参考にして、後に「廻して頂戴回覧板」を作った。本会は今も尚、回覧板と、リレー袋を併用して居る。時には回覧板の裏面を併用して、文字通り「空地利用」を実践窮行して居る。リレー袋と回覧板の併用によって、凡そ一般に周知せしむべき事柄は細大漏らさず戸毎家毎に「知らせたり、知らせられたり」して居る筈であるが、なかには認印は捺しても所謂盲判で「そんなもの見ない、来ない」という場合も生じて居る。隣組魂の入って居ない証拠である。

切符制が実施されるやうになってから、急に隣組が整って来た。これは何処でも同じことであるが、各々の生活に直ちに関係ある事柄を取り扱うために、皆の関心が深まって来たのであり、好い加減に出来なくなった為であらう。悪く云えば少々現金過ぎるとも言へるが、人情の機微、当然の帰結でもあらうか。隣組宣伝映画を何時か見せられたことがあった。お定まりのインテリ夫婦が、隣組に無関心なのが、留守中小火《ぼや》を消し止めて呉れた事から大いに改悛して、朗らかな隣組になるーと言ふのであって、所謂インテリは批評だけして居て、認識不足だと言ふのを極めて安手に扱ったもの、見て居て、インテリというものの解釈に腹が立つより、むしろ滑稽味さへ覚えたのであるが、昨今では、インテリが指導的立場にあって、隣組を引っ張っていくことになりつつある。（中略）

この文章を書いた人はきっとインテリと自身で自覚しているのでしょうが、かなり率直に考えを述べていておもしろいと思いました。さらに時とともに変化していきます。

隣組設置以来提唱されて居た常会も、新体制下の今日、漸く本格的なものになって来た。隣組はかくの如くあるべし。常会を開きてかくの如くやるべしーといわれて居た頃には、まだピンと来ない何物かゞあって、毎月用もないのに、ただ集まってみても仕方ないという考への方が先に立った。併しながら今日の様に、あけても暮れても、日常のすべてが、悉く隣組を母体としてそだつとなれば、自然的に開かざるをえなくなった。用のある時だけ開くのでは目的集会に過ぎない。常会と云ふほどのものではないと言ふ気持ちが今日ではハッキリと受け取れるのである。東京市は市常会を毎月14日に、区は区常会を20日に、町会は町会常会を25日迄に、隣組は隣組常会を30日迄に開く。左様した一貫した常会が開かれる様になっても煩わしとか無用のものとは思はれなくなって来た。隣組も這い這い時代から、ヨチ〱歩き迄成長して来たと言ふべきであらう。どこの家のも家風があるのと同様に町会にも自らなる町会の風がある。町会の子、隣組も亦、その風によって育って行く。吾が田園調布会の隣組、八十一人の子は、今後どんなに成長して行くのであらうか。

高木健夫氏は「東京大空襲・戦災史」第5巻で、こう書いておられます。

配給制度が本格化し、隣組がその末端組織としての役割を果たすようになって、隣組を通じて廻される回覧板の記事は、そのまま直接市民の生活のカギを握り、左右する機能を持つ。

それがなくては生活のメドが立たない〝生活便利帳〟であると同時に、それはまた生活を一つのワクに押し込める〝生活規整板〟であり、そうしてそれは政治権力のおそるべき〝命

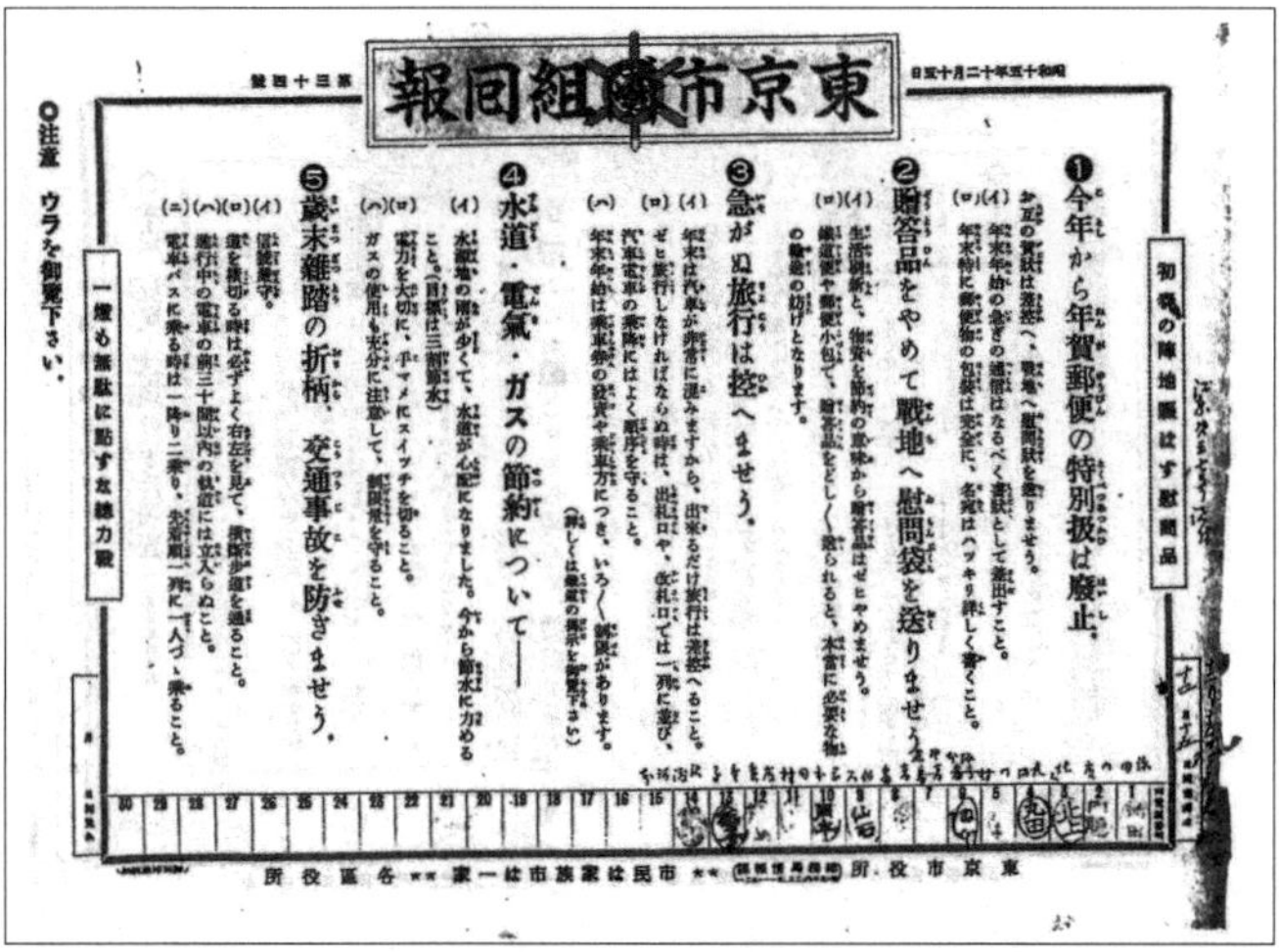
東京市隣組回報
昭和十五年十二月十五日　第三十四號

❶今年から年賀郵便の特別扱は廢止。
(イ)お互の賀状は差控へ、戰地へ慰問狀を送りませう。
(ロ)年末年始の急ぎの通信はなるべく書狀として差出すこと。
年末特に郵便物の包装は完全に、名宛はハツキリ詳しく書くこと。

❷贈答品をやめて戰地へ慰問袋を送りませう。
(イ)生活刷新と、物資を節約の意味から贈答品はぜひやめませう。
(ロ)鐵道便や郵便小包で、贈答品をどしどし送られると、本當に必要な物の輸送の妨げとなります。

❸急がぬ旅行は控へませう。
(イ)年末は汽車が非常に混みますから、出來るだけ旅行は差控へること。
(ロ)ぜひ旅行しなければならぬ時は、出札口や、改札口では一列に並び、
(ハ)汽車電車の乘降にはよく順序を守ること。
年末年始は乘車券の發賣や乘車方につき、いろいろ制限があります。（詳しくは驛頭の掲示を御覧下さい）

❹水道・電氣・ガスの節約について——
(イ)水源池の雨が少くて、水道が心配になりました。今から節水に力めること。（目標は三割節水）
(ロ)電力を大切に、こまめにスイッチを切ること。
(ハ)ガスの使用も充分に注意して、制限量を守ること。

❺歳末雜踏の折柄、交通事故を防ぎませう。
(イ)信號嚴守。
(ロ)道を横切る時は必ずよく右左を見て、横斷步道を通ること。
(ハ)進行中の電車の前三十間以内の軌道には立入らぬこと。
(ニ)電車バスに乘る時は一降り二乘り、先着順一列に一人づゝ乘ること。

○注意　ウラを御覧下さい。

東京市役所　市民は家族　市は一家　各區役所

⑯昭和15年12月15日の東京市隣組回報（回覧板）

令伝達板〟ともなっていった。

高木氏のいうように、もうその頃には回覧板を「見ない、来ない、知らない」ではすまされなくなっていき、隣組の役割も統制経済下いよいよ拡大されていったのです（画像⑯参照）。また、隣組などの常会も徐々に変化していきます。

まずは初期の常会状況を「会誌」第3巻（昭和16年2月）の「隣組と常会」の記事でみてみます。

本会では毎月25日に町会常会（組町会）を開き、20日の区常会（町会長会）に於ける通達・伝達事項を伝へ出席組長から様々御意見を伺ひ、懇談をして居りま

す。各隣組では毎月興亜奉公日に隣組常会を開く事を原則とし昨秋から既に二回乃至三回開いて居ります。併し、組長で、町会常会に欠席の方もあり、又、隣組常会を開かぬ向もある様であります。それから又、折角組長が組常会を開いても出席しない会員もある様でありま す。組長会で組長各個から御希望や御意見を承はることは時間の関係上仲々困難なので、各組に常会記録を作成していただき、之を拝見することにして居りますが、常会記録には出席者氏名や其の日の協議事項、会員からの希望等が記録されてありますから、各組常会の様子が一目瞭然となるのであります。（後略）

この会誌は昭和16年6月でいったん廃刊となった後、開戦の翌年から新聞スタイルで再登場します。その田園調布会誌の第5号（昭和17年5月）には東京市などからの転載と思われる「常会十訓」が掲載されています。

常会十訓
一、常会日時は一定し時間は必ず守りませう。
二、主人も主婦も出席し、その模様は家族全体に伝へませう。
三、着座は遠慮せず到着順と致しませう。

四、独り喋りはやめにして皆の意見も聞きませう。
五、蔭でブツ〳〵云はないで自分の意見も述べませう。
六、見栄を張らずに気取らずにみんな同じ立場で教へられたり教へませう。
七、勝手な不平は語らずに皆のため国の為を考へませう。
八、無理な申合はいけませぬ。まず実行出来る事を決めませう。
九、一人一役買って出て我が隣組につくしませう。
十、隣組は我が家庭、困った事は、よそへは云わずにわが隣組へ打あけませう。

この常会十訓では「時間を守りましょう」「主人も主婦も参加して」「勝手な不平は云わず」「よそへは云わずに」など、常会のあり方についてクレームやトラブルがあったことなどが垣間見えます。

次の会誌第八号（昭和17年8月）の記事は、田園調布会独自のものと思われます。

組長と月当番
○組長ハ任期六カ月トシ組員順次就任スルモノトス、担当事務左ノ如シ
イ、月々町会ニ於ケル組長会議ニ出席ス

ロ、回覧事務
ハ、配給事務ヲ月当番ニ連絡指示ス
ニ、常会ニ於テ組長会議ノ内容報告シ、併セテ会費ヲ徴収
ホ、防空訓練其他隣組内訓練ノ指導、町会ノ連絡事項ノ徹底
○組長事故アルトキハ前組長ハ其ノ代行ヲ為ス義務アルモノトス
○月当番ハ任期一カ月トシ、各組員順次之ヲ引受ケ一人ニテ手不足ノ時ハ次回ノ当番担当者ニ応援ヲ依頼スルコト
○月当番の担当事務
イ、組長ヨリノ通報ニヨリ配給品一切ノ実務ヲ処理ス
ロ、集成切符ヲ集メ、組長ノ捺印及町会ノ捺印ヲ求メ然ル後之ヲ各組員ニ配布ス
ハ、臨時配給ニ関シ、集成切符ノ捺印ヲ要スルトキハ組長ノ指示ニヨリ、月番之ヲ（ロ）に準ジテ行フ
○回覧板及配給品ノ授受ハ各組員ニ於テ責任ヲ以テ之ニ当リ必ズ「手」ヨリ「手」ニ渡シ、迅速ニ之ヲ行ヒ停滞放置セザル様、各組員特ニ協力スルモノトス

この組長と月当番の項は、田園調布独自の内容と思われますが、非常に細部にわたってきめ細

かく規定しているのが特徴です。特に「回覧板及び配給品の授受は各組員に於いて責任を以って」「必ず手から手に渡し」と相対で渡すように指示している点です。

こうして隣組や町会の業務は、物資配給や戦時下の情報伝達だけでなく、日増しに多様化していきます。債券、貯金の集金、さらには税金の徴収までが業務に組み込まれていきます。現金や債券を扱うとなると町会の幹部や事務担当者にはそれなりの人材を確保する必要に迫られてきます。それまで無報酬だったこれらの役員に対し、昭和18年（1943年）2月から部落会長、町内会長の処遇に配慮するようになります。手始めに大都市の町内会に11月から補助金を支給します。さらに専任職員をおき運営の円滑化を図っています。結果として町内会長等は公吏に準じた身分が保障されることになり、隣組制度は名実ともに行政の末端組織機構となっていくのです。さらに東京市では昭和18年4月、「東京市町会隣組戦時体制確立強化要綱」が決定されます。そこには

一、戦時体制の即時確立

二、国策の協力実践

三、戦時市民生活の安定

四、隣組団体生活の拡充

五、戦時錬成の強化

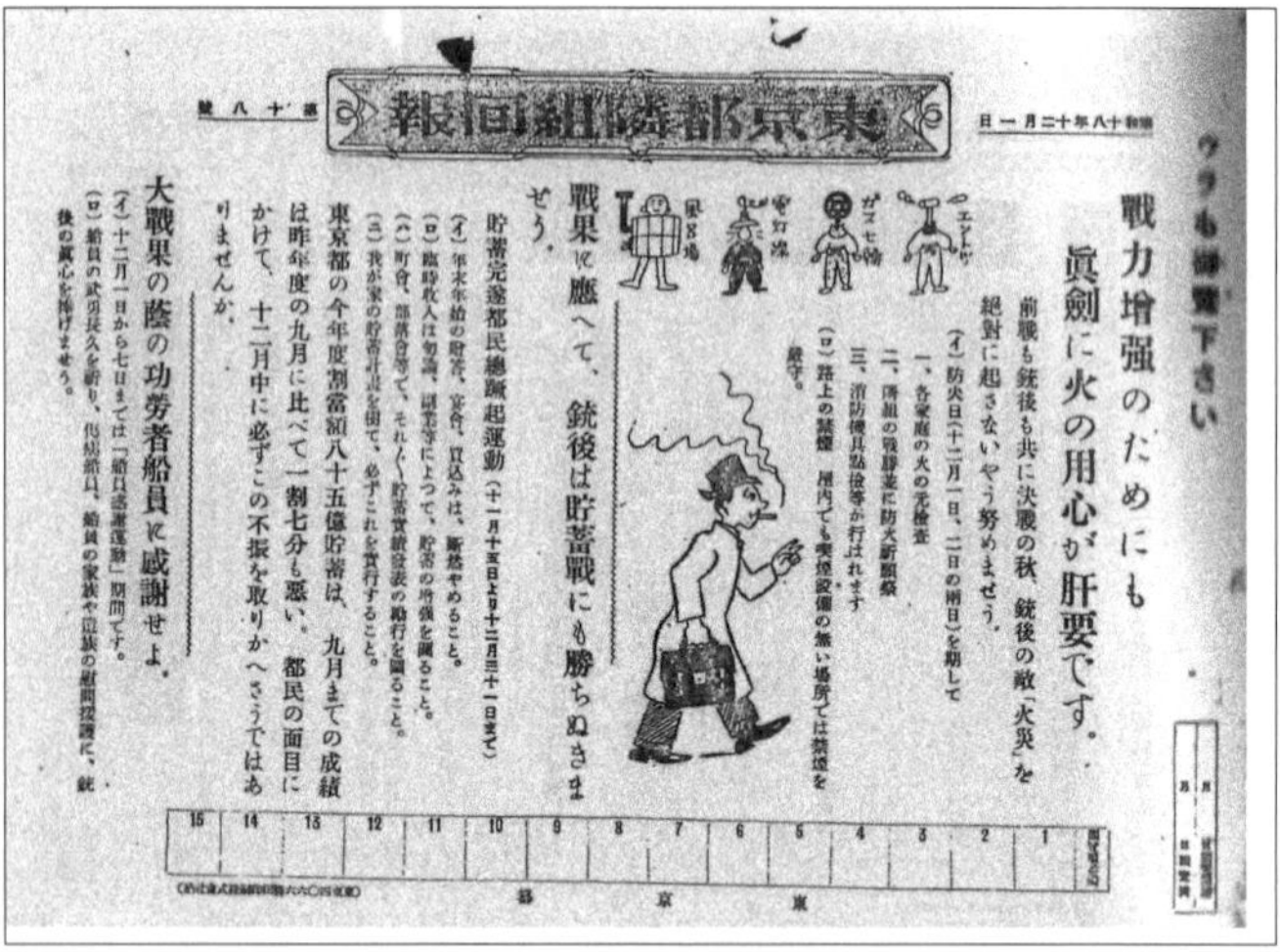
ウラも御覧下さい

昭和十八年十二月一日

東京都隣組回報

第十八號

戰力増强のためにも
眞劍に火の用心が肝要です。

前戰も銃後も共に決戰の秋、銃後の敵「火災」を絶對に起さないやう努めませう。

(イ)防火日(十二月一日、二日の兩日)を期して
一、各家庭の火の元檢査
二、隣組の戰時並に防火祈願祭
三、消防機具點檢等が行はれます

(ロ)路上の禁煙 屋内でも喫煙設備の無い場所では禁煙を嚴守。

戰果に應へて、銃後は貯蓄戰にも勝ちぬきませう。

貯蓄完遂都民總蹶起運動(十一月十五日より十二月三十一日まで)

(イ)年末年始の贈答、宴會、買込みは、斷然やめること。
(ロ)臨時收入は勿論、賞與等によつて、貯蓄の増强を圖ること。
(ハ)町會、部落會等で、それぞれ貯蓄實績發表の勵行を圖ること。
(ニ)我が家の貯蓄計畫を樹て、必ずこれを實行すること。

東京都の今年度割當額八十五億貯蓄は、九月までの成績は昨年度の九月に比べて一割七分も惡い。都民の面目にかけて、十二月中に必ずこの不振を取りかへさうではありませんか。

大戰果の蔭の功勞者船員に感謝せよ。

(イ)十二月一日から七日までは「船員感謝運動」期間です。
(ロ)船員の武運長久を祈り、傷病船員、船員の家族や遺族の慰問援護に、銃後の眞心を捧げませう。

東京都

⑰昭和18年12月1日の東京都隣組回報（回覧板）

の五項目を目的とした「戦ふ隣組」への整備を進めています。この頃すでに戦況は悪化の一途をたどり、B29による空襲が始まり、本土決戦が現実のものとなっていきます。町会の区域も、決戦体制に向けて新たな分割や統合が図られ、田園調布会もその対象として勧告を受けるのですが、1年以上当局との折衝により会側の意向が通り、昭和19年5月に区域は従来どおり名前だけを丁目主義に改め「田園調布3丁目西町会」となります。

(3) 田園調布の戦時回覧板

太平洋戦争が進み、日に日に戦況悪化が伝えられていた頃、昭和18年～昭和19年前半における隣組のようすを回覧板でみてみようと思います（画像⑰参照）。その前に主な社会状

況を記します。

昭和18年1月2日　ニューギニア・ブナで日本軍全滅
2月1日　ガダルカナル島から日本軍撤退
1日　電力・電灯の使用規制始まる
2日　ソ連軍に包囲されていたスターリングラードでドイツ軍降伏
18日　ドイツ・ゲッペルス宣伝相、総力戦を宣言
23日　帝国陸軍、「撃ちてし止まむ」ポスター5万枚全国配布
3月18日　首相の権限強化を含む「戦時行政特例法・戦時行政職権特例等」公布
4月18日　山本五十六海軍大将戦死（6・5日比谷公園で国葬）
5月1日　木炭および薪、配給制に移行
6月1日　東京、都制公布（7・1施行）
7月5日　米軍B－25爆撃機、8機で日本本土に初空襲
29日　日本軍、アリューシャン列島・キスカ島から撤退
8月11日　米軍B－24爆撃機、9機で柏原飛行場、片岡海軍基地を焼爆撃
9月1日　米軍、南鳥島を空襲

2日　東京上野動物園で、空襲時に逃亡し危害加えるおそれのある動物殺害（象を含む25頭ほか　9・4動物慰霊祭）
23日　勤労挺身隊（25歳未満女子）動員開始
10月11日　東京都議会、第1回臨時会開催
21日　学徒出陣壮行会挙行（明治人軍外苑競技場）
11月26日　富山県・魚津市大火
12月10日　文部省、学童の縁故疎開促進を発表
15日　米軍、ニューブリテン島のマーカス岬に上陸
21日　閣議、都市疎開実勢要項決定
24日　徴兵適齢時特例公布（徴兵適齢を1年引下げ）
28日　閣議、食糧自給態勢強化対策要綱決定
昭和19年1月7日　大本営インパール作戦認可。3・8作戦開始
18日　閣議、緊急国民勤労動員方策、緊急学徒勤労動員方策決定
26日　内務省、東京・名古屋に改正防空法による初の疎開命令（建築物強制取壊し）
2月4日　文部省、大学・高専校の軍事教育強化方針発表
5日　運輸通信省、疎開貨物の運賃を決定、実施

16日　国民学校令等戦時特令を公布
中旬　東京都、雑炊食堂を開設
25日　閣議、決戦非常措置要綱決定
25日　文部省、食糧増産に学徒500万人動員を決定
29日　閣議、決戦非常措置要綱に基づく高級享楽停止に関する具体策要綱決定
（歌舞伎座等休場、映画館整理）
3月3日　閣議、一般疎開促進要綱、帝都疎開促進要目、国民学校児童学校給食、空地利用徹底等を決定
6日　全国の新聞、夕刊を廃止
29日　文部省、中学校学徒勤労動員大綱発表
31日　連合艦隊司令官古賀峯一大将戦死

各地での日本軍敗退、米軍機の本土空襲開始、学生・女性動員、学童の都会疎開、食糧不足など、多事多難な状況にあった田園調布会の隣組の活動については、その頃の回報（回覧板）によって一端を知ることができます。

①昭和18年12月3日、田園調布会町会回報（回覧板）抜粋

・鉄兜が少々入荷致します。

一個六円五拾銭、五十個入荷します。ご希望の方は至急代金持参御申込下さい。（防務部）

・白菜漬菜臨時特別配給

一般家庭並準家庭への漬菜の確保を図るため左記の通り実施いたします。

実施期日／十二月二日より

配給対象／家庭用登録者（三食外食者を除く）に対しては、蔬菜配給日に当日の割当配給品の外に洩れなく配給します。

配給量　／一人当　三百匁

価格　　／白菜百匁五銭五厘、漬菜百匁四銭五厘

②昭和18年12月13日、田園調布会町会回報（回覧板）抜粋

・年末御多用のところ特に御願申上候

回報でお知らせすることが非常に多く、且つ又回数も繁くなって居りますが、而も御知らせの内容は「日限もの」が多く、「忘れたら配給物を取り損ふ」ことになります。その上、差し迫った事柄で急を要します。組長さんはじめ御覧になる方々には、要点をつかんで、お留守の宅とか、お子様ばかりのところなどは、あとで念を押して頂きたく、又、留守番の方々も、必要な事柄は筆記して置き、回報をいつ迄も留めて置かない様、くれぐれも御願申

上げます。

・家庭「神仏用蝋燭」特別配給

正月供灯用として一隣組当り四分洋蝋燭半斤（約２００本）を配給することになりましたが、購入には『隣組購入通帳第一号券』を使用致します。組長は、通帳の前記の欄に記入捺印、代金五十四銭を添へて、十二月十四日迄に町会事務所へ御出し下さい。（後略）

③昭和19年1月13日、田園調布会町会回報（回覧板）抜粋

・仇討貯金に就て（目標額五万円）

新春劈頭貯金攻略戦の第一として、前線将兵の労苦に応へ特に、アッツ島、タラワ・マキン両島玉砕勇士の仇討機百台生産資金獲得を目的とする貯蓄が東京都一帯に実施されることとなりました。大森区の目標額は八十四万円（軽爆撃機四、戦闘機一）ですが、本会の目標額は五万円となって居ります。本会は定期貯金を以って此の目標を突破する成績を挙げたいと存じます。別紙各組の目標額により奮って御申込を願ひます。

定額貯金とは、二十円、五十円、百円、二百円、三百円、五百円と定った額を一度に預入するものです。預入の期間は十カ年以内で、最初の一年経過すれば何時でも払戻せます。預入者には預入と同時に定額郵便貯金證書を差上げます。

利子は半年複利計算で永く預けて置く程有利になる様に仕組まれています。（後略）

④昭和19年1月20日、田園調布会町会回報（回覧板）抜粋

・隣組名簿の作製

税務署よりの依頼に依り隣組名簿の作製を御願致します。用紙を添へましたが、一見町会の名簿の如く見えますが、税務署からよこしたものですから左様御承知下さい。尚「家賃月額」欄は、御自分の家に住まわれる方は自家と御書き下さい。

・防空井共同使用調査票につき御願

色々煩わしいことをのみ、続々御願しまして、恐縮の至ですが、区防衛課並に水道局派出所の依頼により、別紙調査票に、防空井共同使用に関する事項の記入や隣組の略図を御書き下さるやう御願申上げます。（後略）

⑤昭和19年2月7日、田園調布会町会回報（回覧板）抜粋

・英霊帰還

故海軍嘱託、柳沢征次殿（四丁目二一七、第六組）の英霊、来る二月九日午後三時三十分、田園調布駅着、帰還せられますから御出迎へ下さる様、御通知致します。当日は各戸弔旗を掲げること、各種団体は夫々諸列位置が示されますから、その場所に整列すること。警防団、大日本婦人会等々、特に御婦人は婦人会の印をつけて、日婦の位置へ御集り下さい。

・防空用「サイレン」吹鳴試験

二月八日、午前八時、警戒警報、空襲警報
正午　空襲警報解除の信号を三分をきにならします。（後略）

(4) 戦争末期の回覧板

①昭和19年3月10日、田園調布会町会回報（回覧板）抜粋
・救急資材の整備に就て（東調布警察署から）
各家庭は次の救急資材を早急に整備して下さい。
1、脱脂綿一包（配給の品を一枚以上救急用として）
2、三角巾（タテ75センチ、底150センチ）一枚以上
3、繃帯（四切位の広さのもの）三米、二本以上
4、ガーゼ類約一〇米位（切レ切レにて可なり）
5、油紙一二枚（反古紙に油を塗った手製品も可）
6、硼酸軟膏（又はオゾ、メンソレータム）
7、マーキロム
8、鋏
②昭和19年3月27日、田園調布会町会回報（回覧板）抜粋

・軍官民連合警備防空訓練に就て（警察署よりの原文）

空襲必至ノ緊迫シタ情勢ニ備ヘルタメ来ル三月下旬軍官民連合ノ警備防空訓練ガ行ハレマス。今迄ト違ッテ予告ナシデ不意ニ行ヒマス。訓練防空警報ハ消防望楼上ニ於テ次ノ信号ヲ使ヒマスカラ注意シテ此ノ信号ヲ見タリ聴イタリシタラ、直グニ之ニ応ズル様ニ防空態勢ヲ整ヘテ訓練ニ参加シテ下サイ。尚口頭ニ依ル警報ノ伝達ハ今迄同様行ヒマス。

・信号方法

一、視覚信号（目デ見ル信号）

イ、昼間ハ信号球ヲ使用ス

(1)訓練警戒警報　白球壱個ヲ掲揚シ発令ヨリ解除迄継続ス

(2)訓練空襲警報　白球壱個、赤球壱個ヲ接続掲揚シ発令ヨリ解除迄継続ス

ロ、夜間ハ信号灯を使用ス

(1)訓練警戒警報　白色灯壱個ヲ発令ヨリ解除迄点灯ス

(2)訓練空襲警報　赤色灯壱個ヲ発令ヨリ解除迄点灯ス

二、聴覚信号（耳デ聴ク信号）前記視覚信号ト併用ス（中略）

以上が警察署よりの回報の原文ですが、左に少しく註釈を加えます。

隣組防空群では訓練警戒警報により防空服装を整へすべて防空態勢に入る。訓練空襲警報発令中に「警視庁」により状況現示班が来て、状況を現示するから、されたところでは即応した訓練を行ふ。夜間は警報に応じて、灯火管制を行ふ。

尚、信号ですが警戒警報解除―即ち訓練終了の知らせは、目に見える信号では、白球が降ろされ、白信号灯が降ろされますが、耳で聴く方は、口頭伝達による外はありません。―電話網による警報伝達は都合に依り今回は致しません。

隣組の回覧板だけみても、米軍の空襲が迫っていること、敗戦を予期し緊迫した空気が伝わってきます。実際に田園調布を含む大田区は翌年8月15日の敗戦まで17回の空襲を受けます。大田区だけで死者629名、負傷者2264名、全半壊家屋874棟、全半焼家屋8153棟という大きな被害を受けることになります。そんななかでも「税務署の依頼で」隣組名簿を作成しているのです。

(5) 隣組の廃止

戦時体制に入ると、部落会・町内会はさまざまな役割を果たさなければなりませんでした。戦後東京の下町で暮らしながら日本の都市社会を観察していたイギリスの社会学者ロナルド・ドーア（ロンドン大学名誉教授）は、東京都における町内会の果たした役割を次のように述べています。

町内会は戦争遂行に重要な役割を演じた。防空壕を掘らねばならぬときは、町内会が負担の容積をそれぞれの隣組に割り当て、隣組は各世帯の代表者からなるチームをつくり、その作業に従事した。町内に召集令状のきたものがあれば、町内会の役員と隣組の代表者たちは、かれを見送りにいき、前線から白木の箱に納められた一握りの遺骨になって帰ってきたときには、町内会の代表者たちがそれを迎えに出た。家庭の必需品を配給すること。ポンプとバケツによる防火チームを組織すること。開戦記念日には大詔を奉戴するため市民を神社に集める事。軍隊向けの慰問品を集める事。その他あれやこれやのものに寄付すること。これらのために町内会と隣組が利用されたのであった。あらゆる情報、例えば配給、召集、警防についての情報はすべて、ただちに内務省からそれぞれの隣組長に写しが一通ずつ送付せられ、隣組長がそれを木製の回覧板にはりつけて、組内の家から家へと回覧させるのである。やや重要な情報の場合には、各世帯に、その情報や命令を読んだ記しとして捺印するよう、要求せられるのが常であった。

さらに、

個人に圧力を加える仕組みとして、この制度は最大限に利用された。命令に従わないとき、知らなかったではすまされなかった。知らないことはあり得なかったからである。意識的に服従を拒否することは、どこか遠くにあって輪郭のはっきりしないインパースナルな『かれら』に反抗することにはならず、隣組の身近な人々の『顔をつぶす』ことになる。それに民衆もこぞって指導者を支持し、日本の目標と完全に一体化していたから、近隣集団が団結して非協力的になったり、個人の反逆行為を黙って傍観したりすることは、考えられない事であった。

とも記しています。隣組には隣保組織に気を遣う側面もあったと思いますが、それ以上にマスコミも含めて社会全体が、戦争に反する発言や行動に対しては非国民と非難する風潮のなかにあったこと、流れに逆らうことなどできない状況だったことも忘れてはならないと思います。

昭和20年（1945年）、敗戦後、こうした町内会・部落会など地方制度は、連合国軍総司令部（GHQ）の指令により、大改革が行われます。昭和22年（1947年）1月22日付・内務省訓令第4号により、「部落会、町内会整備要領」の廃止というかたちで、隣組や町内会・部落会が廃止されます。

GHQが隣組を廃止しようとした主な理由は、住民と市町村の間に隣組、町内会、部落会ならびにそれらの連合会が介入することによって「日本国民の個人的生活、活動、さらに思想さえも一握りの中央政府の官吏によって有効かつ完全に支配されてしまった。この組織により、中央政府官僚から各家庭、各個人にいたるまでの命令系統が設けられ、下部から中央政府にいたる情報網が設けられた」とし、また「隣保組織には、市町村の執行機関の代行機関としてもっとも十分に利用された。多くの場合、長にはボスがなった。このような長は、公共精神に欠けており、構成員の困窮には無関心であり、多くの場合においてその地位を利用して地方的な暴君となった。かれらは、大政翼賛会、思想警察その他抑圧の機関に役に立った。たんに彼等は過去において監視と組織化に没頭していたのみでなく、彼等の多くは、地方選挙を支配し、地方行政の民主化を成功させるために非常に危険な存在である」と捉えていたからです。戦勝国の占領軍として、軍国主義日本を解体し民主化を推進することがGHQの最大方針であった以上、民主化の阻害要因である隣組、町内会・部落会の廃止指令を出すことは彼等にとって当然のことでした。しかしそこには、上杉鷹山公が示した、高齢者や障がい者などの社会的弱者を近隣で助け合う隣保扶助や防災などの役割を果たしてきたことなど、プラス面については、顧みられることはありませんでした。結果として戦時体制に組み込まれた隣組ではありますが、冷静に考えてみますと、隣組という隣保組織が悪いわけではなく、それを利用した中央政府と官僚に責任があったのではないでしょうか。

実際に隣組が廃止されてみると、情報の伝達、物資の配給など、すぐにあちこちでトラブルが続出します。いったんは占領軍の方針に抗し切れず部落会・町内会、隣組の廃止に踏み切りますが、敗戦後の混乱期では物資の配給、治安維持、情報伝達などの面で、部落会・町内会や隣組という自治集団・隣保組織が必要でした。

政府は、それまで長く国民生活の暮らしに深く根をおろしてきた町内会・部落会等の影響力を簡単に絶つことはできないとして、同年5月3日、新憲法施行の日に「昭和20年勅令第542号ポツダム宣言受諾に伴い発する命令に関する件に基づく町内会・部落会またはその連合会等に関する解散、就職禁止その他の行為に関する件」というきわめて長い名称のポツダム政令が公布・施行されるのです。

そして、昭和27年(1952年)、サンフランシスコ講和条約の発効に伴う日本国の独立回復により、敗戦後GHQの命令で一時廃止されていた町内会・部落会も復活することになります。しかし、当時のこうした流れに対しマスコミを中心に批判が続出するのです。「町内会の復活に反対する(読売新聞)」「隣組の復活に反対する(日本経済新聞)」「隣組復活を排す(産経新聞)」「復活する隣組や町内会(朝日新聞)」などの見出しできわめて批判的な論調や社説が相次いで出されました。当時の文化人や評論家も、町内会や隣組の復活に対する批判的論陣を張ります。サンフランシスコ講和条約締結直前の昭和26年（1951年）10月に朝日新聞で全国世論調査を行っています。「町内会や隣組、部落会は現在つくってはいけないと禁止されていますが、最近この禁止を解こうという意見が出ています。あなたはこの意見に賛成ですか、反対ですか」という設問に対し、「賛成65パーセント」「反対18パーセント」「わからない17パーセント」という回答でした。つまり、国民の大多数は、町内会や隣組の必要性を感じていたものと思われます。しかし、講和条約締結により日本は独立国家に復したにもかかわらず、戦争の忌まわしさを被せた「隣組」という名前を前面に出して、町内会部落会の復活を批判していたマスコミの姿勢はいかにも不可解な動きでした。アメリカ、イギリス、中国による資源封鎖、いわゆるＡＢＣＤ包囲網突破のためとはいえ、開戦、戦争遂行ありきの軍国主義に組み込まれた事実、総力戦として戦争遂行組織に強制的に組み込まれた事実は厳粛に受け止めなければなりません。しかし、それは町内会・部落会という隣組が悪かったわけではありません。隣組そのものに何の罪もなく、隣組を戦争に利用した側の責任が問われるべきなのです。戦争に至る軍部の暴走、拙劣な外交戦略や政治プロセスが問題であって、封建的でない、民主的で自由な隣組であれば、隣組そのものの位置づけの重要性と必要性は、決してみじんも揺らぐものではないのです。

歴史的に日本の隣保組織は、一時期を除き、為政者が為政者自身のため、国民を強制的に管理するための便宜的管理隣組でした。そこに自治あるいは隣保扶助があったとしても、それは強制的または限定的自治・扶助でしかありませんでした。繰り返しになりますが、封建時代、軍国時代のような権力者・為政者のための隣組ではなく、今こそ自分や家族のための隣組、入退会自由で楽しく自発的な防災隣組の結成が求められています。

6　自然災害と社会災害から人を守り合う防災隣組

現代が抱える喫緊の課題は、人と人との結び目がほどけてしまったコミュニティの再生です。相次ぐ自殺、50代男性の5人に1人が未婚という単身者の急増、高齢者だけなく30代でも孤立死が多発しているという現状をみれば、事態がいかに深刻で、しかも猛烈なスピードで悪化し続けているかがわかります。為政者や行政のための末端機関として行政区、町内会、部落会という側面とは別に、従来は農山漁村のムラや隣保組織としての「隣組」を基調とした地域コミュニティ（地域共同体）が暮らしを支える共同体でした。しかし敗戦後、復活した地域コミュニティは一部を除ききわめて包容力や結束力が低下していきます。戦前は、良くも悪くもどこの地域にもムラ社会が存在していましたし、それがなければ農業、漁業、山仕事も立ちゆかなかったのです。共同作業や助け合いのなかにムラの存在意義がありました。しかし敗戦後、価値観は急転し、物事などの本質をみたうえでの価値観よりも、「新しい」か「古い」か、「民主的」か「封建的」か、といった表層の言葉による、きわめて乱暴で陳腐な仕分けが行われてきたように思われます。戦勝国である欧米の合理主義、個人主義、経済優先の風潮が優先されていきます。本当の根っこのところで地域コミュニティの重要性はわかっていても、立ち止まって考える時間を割くゆとりが失われています。結果として、敗戦後に市町村の委託業務として広報的役割を中心とする自治会、町内会の市民への求心力、結束力が低下していくのも当然のことといえるかもしれません。

その結果、井戸端会議を含め隣人同士が話す機会も少なくなり、地域における住人同士の関係性は冷え冷えとしたものになっていきます。そして、ムラやコミュニティの崩壊が家族の関係にも影響していきます。「地震、雷、火事、おやじ」は怖いものの代名詞ですが、怖くなくなったのがおやじです。「父親になることはむずかしくないが、父親であることはきわめてむずかしい」。詩人であり、痛烈な風刺漫画家であり、画家であったヴィルヘルム・ブッシュ（ドイツ）の言葉です。もちろん、赤ちゃんが生まれるということは、父母も生まれるということです。しかし、男はさほどの試練を経なくとも父親にはなれます。というより、女性に男の精子を受け入れてもらい、子どもを産んでもらって、初めて男は父親になれるのです。自分の意思だけで男は父親になることもできないのです。しかし、それは生物的な父親でしかありません。わが子をただ抱きしめ慈しむだけでなく、時に厳しく、未熟ではあっても人生の先輩として、それなりの戦いを経てきた男として、遠くを見つめ、危機に際し、家族を守るときは身を挺して敵と対峙する堅い決意を胸に秘め、甘い言葉より不器用な背中で語る、多少危なっかしくても手を出さず、静かに見守り続ける男の強さ。時に厳しく突き放し、自分の力で試練を乗り越えろと叱咤し励ます、他に阿《おもね》ない、自らの美学をもって生きるのが真のおやじです。父親には容易になれても、真のおやじとなるにはそれだけの覚悟と長期にわたる修養が必要でした。頑固おやじの背中をみて学び、世間さまという厳しいチェック機能を経て、口うるさい上司、同僚から得るものを見つけていきます。しかし、昔から真のおやじの学び場は、身近な町内会であり隣組という地域コミュニティだったのです。子ども仲間、町内の口やかましいおじさん、頑固なものわかりの悪いおじいさん、かっこいい青年団のお兄さん、消防団、町内会など近所の人たち。隣組のお祭り、盆踊り、道普請、どぶ掃除、公民館掃除、子ども会、婦人会、老人会で役割を果たす父親の背中が学びの場だったのです。そこで、協調、我慢、忍耐、優しさ、思いやりなど人間としての実践的生き方や美学を学んだのです。

地域における人と人の結び目がほどけ、地域と家庭の関係性が薄くなってしまいました。そのご近所や町内会、自治会、隣組など地域コミュニティが求心力を失ったことにより、家庭・家族の求心力・連帯力も失われていきます。近年、父親の自信喪失、家庭内における権威失墜が顕著となっています。「子どもを叱れない父親」「事なかれ親父」「子どもに媚びるパパ」「ものわかりよく、子どもに我慢させられない父親」など、情けない親父像が取りざたされています。地震、雷、火事と同列だったあの怖い頑固親父はどこへ行ってしまったのでしょうか。父親の自信喪失、権威喪失が青少年犯罪・非行の増加、校内暴力の多発や学校でのいじめの常態化を誘発しているように思われます。おやじが弱くなったのは「不在パパ」と呼ばれるほど親父が忙し過ぎて、家庭や家族のために割く時間がなくなったことも要因の一つでしょう。自分が守るべき妻や子より、仕事を優先し、経済、お金を優先してきたツケが、いまになって社会全体に回ってきたのです。おやじだけではなく、家族や血縁としての関係性さえ希薄になってきています。

(1) 無縁死（行旅死亡人）

「行旅死亡人」という言葉があります。これは警察でも自治体でも身元を突き止められなかった無縁死のことです。国が毎日発行している官報の末尾に記載されている文字です。そこには、身長、所持品、年齢、性別、遺体発見場所、死亡時の状況などわずかに数行が割かれています。なかには「会社員風」「スーツ姿」「飢餓死」「凍死」などの記述もあります。こうした無縁死が全国で年間3万2000人にのぼるのです。そして、その大部分は身元が判明しても、親族が遺体やお骨を引き取らないケースだといいます。家族や親族とのつながりそのものが薄くなっているのです。ほかにも年間自殺者3万人以上、孤立死は年間1万5000人以上など、毎年計約

7万7000人が社会災害の犠牲者となっています。なぜ、こうなってしまったのでしょうか？なぜ、これほどまでに殺伐とした社会になったのでしょうか。これが絶対の原因ということはできませんが、一つの要因は人と人の結びつきが希薄になったからだと思います。

昔は「世間さま」というチェック機能がありました。日本は全国どこにいっても礼節があるといわれます。それは五人組の共同監視の名残もあったかもしれませんが、戦前までは五人組がなくなってもよき風習は残されていました。それは世間さまという倫理や規範を守る厳然たる社会規範だと思います。どこの誰が世間さまということではなく、親族、隣近所、町内会などなど、社会風土と社会の人すべてが世間さまでした。つまり世間さまというのは人と人同士の結び合いや関係性から生まれたものです。結婚相手を探すのも親戚のおばさんやおじさん、近隣の世話好きのおばさんが熱心に年頃の男女を結び合わせたのです。月下氷人というより出しゃばりおヨネがどこの町内にも1人や2人いたものです。親族だけでなく、同じ町内に住んでいる人たち、誰彼なくみんなが近隣住民に関心をもち、声をかけ合っていたのです。

ですから、人としての規範を逸脱した場合、世間さまが許さないという歯止めにもなったのです。しかしいまは、地域と人、人と人のつながりは親族でさえ薄くなり、世間さまの存在も規範も希薄になってしまったのです。世間さまが機能しなくなったのは、決して誰が悪いというものではなく、時代の趨勢もあって社会全体がその方向に進んできてしまったのです。いまからでも遅くはありません。私たち自身が変わればいいのです。立ち位置を変えなければならないのです。地域との関係、人と人の結び合い、隣組など、自分たちの国を変えるために自分が変わらなければならないのです。

(2) 立ち位置

「女は弱し、されど母は強し」こちらはヴィクトル・ユーゴーの言葉だそうです。女は母になると、急に賢く、そして強くなります。父親になるのと違い、母になるためには妊娠、出産という、肉体的にも精神的にもきわめて厳しい試練を乗り越えなければならないのです。その試練に耐えるだけでもタフになるでしょうが、産みの苦しみを越えて授かったわが子、生まれたての赤子は、母親なしには一日も生きてはいけないのです。子は母を頼るしかなく、子の命は母によって左右されますから、子どもの未来に対する母の役割と責任の重さは、男のそれとは比にならぬほど大きく切実です。それだけでなく、出産する前の十月十日という時間が母となる決意と覚悟を促すのです。その結果、女は母へと立ち位置を変えるのです。母になる前、女性は守られる人であり、困ったときは助けてもらう人でした。しかし、母になると同時に大切な子を守る人、助ける人に立ち位置が１８０度変わるのです。守るべきもの、その優先順位が明確になったものは強く、賢く、行動的になるのです。

そもそも人は、一生のうち何度も立ち位置を変える動物です。乳児から児童の間は守られる人です。成人すると恋人、配偶者、わが子、家族を守る人になります。そして、歳をとって身体が不自由になれば家族などから守られる人、助けられる人になる宿命にあります。年代、状況、立場などによっても立ち位置と役割、その責任の度合いが変わっていきます。父母と子、祖父母と孫、上司と部下、病人と医師・看護師、先生と生徒、経営者と社員、政治家と国民、行政と市民などなど。置かれた社会的役割や立場によってそれぞれに絶妙な立ち位置があります。その役割と責任を過不足なく果たすことを求められるのが人間です。会社人間であったときは企業の一社員としての役割、定年後には地域コミュニティのための役割があります。そのように、その立ち位置ごとに、その相手となる人との結びつきなどの関係性が変わっていきます。時に助ける人であり、時に守られる人になります。助けることも大切ですが、助けられるほうにも作法があるように思われます。

どんな人でもどこかで助けられ、誰かに守られなければ生きていけません。だとしたら気持ちよく助けられ、気持ちよく守られるために必要なのが感謝と敬意です。気持ちよく助け、助けられるためには「お互いさま」の気持ちが大切です。つまり、その時々に絶妙の立ち位置での作法が求められるのです。前述したヴィルヘルム・ブッシュの言葉を「人間になることはむずかしくないが、人間であることはきわめて困難である」と言い換えることができます。

私は約半世紀にわたり、世界中で災害現場をみてきましたが、不慮の災害に突然遭遇した被災者にとっては、それは青天の霹靂でしかありません。普通の暮らしが一瞬にして暗転し、恐怖と絶望の淵に沈んでしまうのです。好むと好まざるにかかわらず、一時的にせよ助けられる人になってしまうのです。地球という惑星は決して優しいだけの星ではありません。あふれるような自然の恵みがあるかわりに、災害という過酷で暴力的な試練も与えます。その地球に生活する人間は常に危機にさらされているといっても過言ではありません。言い方を換えれば、人は突然、立ち位置の変更を強制される宿命にあることを覚悟しなければならないのです。

ある日突然、災害に襲われて救いを求める人が出来したとき、すぐに助ける人になれるのは近くにいる人だけです。防災・危機管理における原則は「被害者にならない」「加害者にならない」「傍観者にならない」ことです。援けを必要としている人が近くにいたら、誰でも見返りを求めず、できる限り救助しようとするのが人情です。私が提唱する「近助の精神」です。近くにいる人が助けを求めていたら、近くにいる人が助けるのが当たり前のことですから、あえて「近助の精神」など提唱しなくてもよいのではないか、と考える人もおられると思います。しかし、必ずしもそうではなく、誰もが助ける人になるとは限らないのです。それは自分自身も災害にショックを受けパニックになっている場合もありますが、自分自身が安全な場所に避難することに懸命であって、他の人を振り返るゆとりをなくしている場合もあります。また、家族はもとより普段から付き合いのある親しい人であればすぐにでも安否の確認をしようとします。しかし、普段から付き合いのない隣人の扉をたたくことまではしません。人は人間関係の相互作用のなかで生きているのです。

第5章

東日本大震災と日本人の礼節

1　豊かな自然と地勢的リスク

この日本で、もし、世界に誇れるものをあげるとしたら、それは「日本人」と「地勢的環境」だと思います。その日本で懸念すべきはと聞かれたら、それもまた「日本人」と「地勢的環境」と答えます。禍福が常に表裏一体となっているからです。

誇れるものの第一は「日本人の資質と礼節」です。もちろん個人差はありますが、平均的な日本人の資質のなかには、勤勉で、真面目で、人を思いやる心根の優しい心情、困難を克服する不屈の精神などが含まれています。また、武士道の影響が広く、また折り目正しくゆかしい礼節も日本人特有のものと考えます。そして、こうした資質と礼節は日本を取り巻く自然環境とも密接な関係があるのです。

ビジネスは一流、政治は三流と揶揄されながら、多くの国民がもつ優れた資質と礼節があればこそ、世界60位（約37・8万キロ平方メートル）の小さな国土面積でしかない日本を、世界3位・4位という広大な国土と資源をもつアメリカと中国に伍して世界第三位の経済大国の地位を維持させているといっても過言ではありません。その資質と礼節は、先人たちが恵みと試練を与える自然環境のなかで、培ってきたものではないでしょうか。

日本は南北に細長く孤を描く列島であるがゆえに、多彩な自然環境に恵まれています。オホーツク海、太平洋、日本海、東シナ海と四方が幸多き海洋に面し、周辺で暖流と寒流がぶつかるため豊富な漁場が形成されています。さらに、大陸気候、海洋気候、亜熱帯、寒冷地帯の間に位置し、積雪、多雨により命の源となる豊かな水源が年間を通じて確保されているのです。さらに明確で多彩な四季の変化で多様な農産物が実るという偉大な自然の恩恵も享受しています。これら誇るべき自然環境はこの国の立地に浴すること大であります。

反面、そのアキレス腱となる自然災害もこの国の立地条件によって引き起こされています。世界最大の海（太平洋）と、世界最大の大陸（ユーラシア大陸）の間に位置するということは、世界最大の海のプレート（太平洋プレート）と、世界最大の陸のプレート（ユーラシア大陸）により東西から常にプレッシャーを受けているということでもあります。そのうえ、南西からフィリピン海プレート、北東から北米プレートが押し込んできています。つまり、地球を覆っている十数枚の主なプレートのうち、日本列島周辺で4枚ものプレートがギシギシとせめぎ合っているのです。それにより、世界の0・3パーセントにすぎない国土周辺に、世界で発生する大規模地震の約20パーセントを発生させ、繰り返し震害と津波に襲われてきました。プレートの動きは火山を形成・刺激し、年間９００回以上の爆発的噴火を繰り返す桜島のように世界の約10パーセントの活火山が日本にあるのです。

さらに上空では、気候を左右する偏西風と偏東風の衝突の狭間に位置するため、重力的に不安定な前線が発達しやすく、またゲリラ豪雨や土砂災害が起こりやすく、さらに太平洋やフィリピン周辺で発生する台風が、上空の強い風によって吹き寄せられる宿命的な地勢リスクのうえに日本があるのです。

そのため、台風、豪雨、地震、津波、豪雪、噴火などの災害が繰り返し発生するという過酷なハンディを背負った国が日本なのです。そして、その困難な地勢リスクという宿命に立ち向かい、耐え、乗り越えてきたのが日本人です。災害はないほうがいいに決まっています。しかし、「地勢リスクは避けられない」という不都合な真実に対し、「逃げず、諦めず、怯まない」勇気と粘り強い精神力という資質（心情・魂）が日本人のDNAに培われてきました。そして、災害発生時、「困ったときはお互いさま」と、支援が被災者の負担にならないようなこの言葉にみるように、慎み深く、慮《おもんぱか》り、いたわり合い、助け合いの心が日本人の礼節を育んできたのです。人は試練に耐えた分だけ、強く、そして人に優しくなれるのです。

ひとたび大災害に襲われ、土砂や降灰に埋まり、流され、町が瓦礫と化せば、人々は将来も同じ災害が起こるおそれありと悲観し、災いの地を離れようとするでしょう。それが普通であるともいえます。世界各地でそうした災害ゴーストタウンをみてきました。災害のたびに人々が故郷を捨てていけば、多くの山河は荒廃し国家は存亡の淵に立たされる。しかし、日本人の資質（心情・魂）は違うのです。厳しい過酷な災害に襲われても父祖伝来の地を離れないのです。どれほど厳しい災害が繰り返し襲う地であろうと、一所懸命に復旧・復興させようとするのです。一人ひとりの力では乗り越えることが困難な大災害には、皆で力をあわせ、助け合い、励まし合って復興させてきました。これは個々の資質だけではなく、こうした皆の助けがあるから頑張れるのです。それでも原則は「自力復興」です。しかし、自力で対応できない災害に際しては、「助け合わなければならない。慶び事は招かれてから行けばいい、悲しみ事は招かれずとも早く行け」なのです。すべてを助力するのではなく、自力復興を助けることが優先なのです。そして、この絶妙の距離感があるからこそ、支援を受ける方も受けやすいというものです。

こうした、ほどよい距離感がなければ日本民族は生き残ってこられなかったと思います。助け合うが、原則は自力復興という基本が無視されれば、すべてが他力に頼りおんぶに抱っこを際限なく求める脆弱な心を生みだし、結果として社会全体がモラルハザードに陥り、働く意欲を失せさせ、国家破たんになりかねないことを学んできています。

そのことが結果として日本人をその優れた資質と、ほどよい礼節を育くむことにつながったと考えています。地球という惑星は人に多くの恵みを与えてくれます。しかし、この星は決して優しいだけの星でないことを日本人ほど認識している国民はいないのではないでしょうか。その恵みには感謝しつつ、自然がもたらす苛烈な自然現象に対しての油断が命取りになることも知っています。自然のなかで生かされている人間だからこそ、イザというとき助け合わなければ生きていけないことを骨身に沁みて理解しているのも日本人なのです。

2 究極の地政的リスク、超大国の狭間に位置する日本

もう一つの地政的リスクは、大国と大国の狭間にあることです。自然災害、社会災害と並ぶ第三の災害は戦争です。太平洋戦争によって日本の文化や伝統、人と人の結び合いまでもズタズタに踏みにじられ破壊されました。隣保組織であるはずの隣組さえ忌まわしいものに貶められてしまいます。今日、日本で深刻な社会災害を招くようになったのも太平洋戦争の後遺症ということができます。日本は、常に第三の災害の脅威と隣り合わせにあります。いつの時代でも戦争の発端となるのは常に領土、経済、政治、軍事です。世界最大の経済力と軍事力をもつ超大国アメリカと、世界最大の人口と世界第二位の経済力と武力をもつ中国。世界一位の国家アメリカと二位の国家中国の間にあり、武力は少ないが経済力では世界第三位の日本。もう一つの軍事超大国ロシアと国境を接しているのも日本です。そして不安定な朝鮮半島の韓国と北朝鮮という地勢的・政治的環境リスクのなかに日本は位置しています。周囲は海に面し直接陸続きでの国境はありませんが、戦争は隣国と発生します。

しかし、超大国間の政治と経済の狭間にある資源の乏しい国は、常に二つの脅威から逃れることはできません。一つの脅威は、一方の国からは属国と思われ、一方の国からは敵とみなされることを覚悟しなければならないということです。理想的な等距離外交という選択肢は峻厳な国家間関係では許されないことです。両国から好かれようとすれば、両国からの不信感を招き、侮蔑の念で見られることになります。そして、もう一つの脅威は超大国が日本の頭越しに手を組んでしまった場合です。ニクソンショックのときがそうでした。共産・社会主義国と資本主義国というより西側と東側の代表選手であったアメリカ合衆国と中華人民共和国。お互いに事あるごとにののしり合っていた毛沢東とニクソンが事もあろうに、アメリカが同盟国としていた日本には何の相談もなく、ある日（1972年7月15日）突然2人は北京で握手してしまうのです。第二次世界大戦後のソ連・中国等の社会主義を標榜する東側連合と欧米など自由主義を旗印とする東西両陣営は互いに核を積んだ大陸間弾道弾とミサイルを向け、原子力潜水艦は24時間体制を敷き、攻撃態勢を崩さずにらみ合い一触即発の状態にありました。第三次世界大戦という人類滅亡を招く危機が刻々と迫っているとさえいわれ、こうした冷戦構造は永遠に続くと思われていました。しかし、ある日突然東西の壁が崩れパワーバランスが崩壊して新しいポスト時代が趨勢となっていきました。

仁義なきアメリカの頭越し外交に慌てた日本は、田中角栄首相の決断で中国との国交回復を果敢に実行します。しかし、日本のなりふりかまわぬ中国に対する急接近ぶりに驚き、ロッキード事件をきっかけに田中角栄首相の追い落としを図ったため、田中首相は失脚してしまいます。現在アメリカは、グアムと沖縄を国家戦略（アジアシフト）の軍事拠点として強化しつつあります。その視線の先には中国の経済力、軍事力の急激な台頭があります。核をもち、軍事力強化・高度化に直結する宇宙開発に傾注している中国は、アメリカにとって21世紀最大の脅威になりつつあります。日本も中国と領土問題を抱えるだけでなく、漁業資源、海底資源などで常に軋轢を生みだす危険性をもっています。つまり、何かのきっかけで民族意識が先鋭化すれば一気に反日、反中の火が激しく燃え上がる火種を内包しています。

特に、急激に産業振興が進んだ中国で最も重要なのはそれを支える石油エネルギーです。日本と中国における資源の奪い合いは熾烈をきわめています。そして、海底油田等の開発も南シナ海などでしのぎを削っていかざるをえない状況にあります。昭和の時代には軍部の暴走や拙劣な国際外交もあり、ＡＢＣＤ包囲網で封鎖され開戦に踏み切った日本のように、エネルギー資源、食糧などの安全保障政策も予断を許さない状況にあります。

いま、超大国の狭間にある日本に最も必要なのは、揺るぎない哲学としたたかで折れない（レジリエンス）外交官と政治家です。現在ＴＰＰ（環太平洋戦略的経済連携協定：Trans-Pacific Strategic Economic Partnership Agreement）は、環太平洋地域の国々による経済の自由化を目的とした多角的な経済連携協定（ＥＰＡ）です。最初は２００６年にシンガポール、ブルネイ、チリ、ニュージーランドの４カ国で発効した経済連携協定でした。加盟各国間のすべての関税の90パーセントを撤廃し、２０１５年までにすべての貿易関税を削減してゼロにする約束で、産品の貿易、原産地規則、貿易救済措置、衛生植物検疫措置、貿易の技術的障害、サービス貿易、知的財産、政府調達、競争政策を含む自由貿易協定のすべての項目をカバーする包括的協定です。それまで４カ国で進めてきた交渉に２０１０年３月から拡大交渉会合が始まります。アメリカ、オーストラリア、ベトナム、ペルーが交渉に参加し、10月にはマレーシアが加わりました。２０１１年11月13日、オバマ大統領とホノルルで会談した野田総理大臣はＴＰＰ参加の意向を伝えました。しかし、ＴＰＰ参加に関しての国論が二分されていますので、今後の推移は予断を許さない状況にあります。

こうした経済協定には国家戦略や安全保障に係る合従連衡戦術が隠されているものです。環太平洋であれば、中国が参加して当然の経済協定ですが、この協定には中国は参加しそうにありません。２０１２年３月７日、中国の陳徳銘商務相は北京で記者会見して、ＴＰＰ交渉に中国が参加する可能性について「研究している」と述べています。世界第二位の経済大国中国がＴＰＰに意欲を示せば全体の交渉進展に大きな影響を与える可能性があります。しかし、関税撤廃原則という高いハードルを中国が越えられる可能性は低いとみているアメリカの戦略です。この陳商務相の発言は「中国包囲網」といわれるTPPに「開放、寛容、透明性の原則」を要求し、「中国の国情や発展段階にあうかどうか評価している」と述べたことは、アメリカ主導のTPP参加各国をけん制したものと受け止められています。GDP1位のアメリカと3位の日本が自由貿易協定を結ぶことによる第2位に位置する中国の焦りの現れともいわれています。

中国とアメリカの間に立つ国として、その存在価値の有無が試されているといっても過言ではありません。日本に、しなやかで折れず、かつ、したたかな外交官と政治家がいれば、きっとうまく乗り切っていくことと思います。そして、外交関係を良好に保つため、国家と国家の結び合いに必要なのが「近助の精神」です。これは隣組のような隣保組織の精神的支柱となるものであり、人と人を結び合う基本理念です。国家と国家も所詮人と人の結び合いと同じです。領土や資源に係る軋轢のほとんどが隣接する国同士で発生します。日本でその懸念のある隣国は、中国、ロシア、韓国、北朝鮮、アメリカです。この国々との関係を常に良好にしておくことが日本の安全にとってきわめて重要です。たとえば中国との関係です。現在、日本はアメリカとの安全保障条約があることで中国とも一定の安定が保たれています。日本とアメリカとの関係は今後も最重要課題であることは間違いありません。しかし、尖閣列島などで中国と局地的な戦闘状態に陥った場合、アメリカが全面支援するとは思えません。そのときの国際状況によっては、心情的に日本を支援するにしても、アメリカが中国との経済規模を考えれば、局所的であっても米軍と中国軍との直接的戦闘を避けようとするのが妥当で現実的な国際感覚です。日本は自力で局地戦を十分戦える戦力をもったうえで、外交交渉解決を図るしか道はありません。

そうなる前に、もっと大切なのが日頃から相手国民に与える印象づくりです。そこで「近助の精神」です。中国は広大な国ですので、毎年地震、洪水などの大規模な自然災害に見舞われています。特に年平均1000カ所以上で起こる洪水は凄まじいものがあります。日本は防災大国です。そうした災害発生時に直ちに災害救援ボランティアを繰り返し送るのです。2008年の四川大地震のとき、外国勢として真っ先に駆けつけた日本の国際緊急救助隊の活躍が現地で高く評価されていました。また、東日本大震災で世界各国からたくさんの支援が寄せられました。中国からは「四川地震のとき日本から受けた恩を返さなければいけない」と多大な物資等が届きました。「台湾集々地震で日本から受けた支援に今こそ感謝をこめてむくいるべき」と、台湾からばく大な義援金が寄せられました。特にアメリカは「ともだち作戦」として、全面支援してくれました。私たちはこうした温かい支援に感謝するとともにありがたさを強く心に刻まなければなりません。それこそがお互いの近助の精神です。「慶び事は招かれてから、悲しみ事は招かれずとも早く行け」が近助の精神です。近くの人が近くの人を助けるのが近助の精神として事前にアピールして、それを実践すべきです。これは、国と国、自治体と自治体、人と人でも皆同じ哲学です。隣人だからこそ争わずに助け合うことです。平時のODAより困ったときに助けられた記憶のほうが鮮明に残ります。人道的な近助の精神を隣接諸国との外交というより日本人の基本路線とすること。気持ちよく助け、気持ちよく助けられる関係を率先してつくることが日本人の好感度と礼節を定着させることになると思います。

3　つつましく、折り目正しい日本人

東日本大震災と原発事故という想像を絶する過酷災害時に際し、その資質と礼節がいかんなく発揮されました。「避難所で〈分け合って食べます〉と、4人家族なのに三つしかおにぎりをもらわない人がいた」「凍るほど寒いのに毛布を譲り合う人をたくさんみた」「家が流された高齢者に救援物資を渡そうとしたら、私よりもっと大変な人にあげてくださいといわれた」。これらは、いずれも東日本大震災直後、ツイッターなどに書きこまれたメッセージです。想像を絶する大津波、原発事故という未曽有の災害で親族や友人を失い、家を流された人たち。経験したことのない恐怖、失意、混乱のさなかでさえ被災者が見せたつつましさ、折り目正しい譲り合いの心に全世界が驚き、感動し、賞賛の嵐がわきあがりました。

巨大地震が起こっても、日本文化の完璧なマナーにはほとんど影響なし

の見出しを掲げたロサンゼルスタイムスは、

家具の下敷きになって負傷した女性が、迷惑をかけたことを謝っている。こんな最悪の状況のなかですら、他人を気遣うという国民性が表れる。だが、これはほんの一例に過ぎない。

と、東京からのレポートを伝えました。

彼女は年老いて独りだった。傷つき、苦痛のなかにいた。巨大地震が襲ったとき、重い本棚が山下ヒロコの上に倒れこみ、彼女は身動きがとれなくなったのだ。足首は粉々になっていた。救急隊員たちがようやく駆け付け、懸命の救助作業を数時間続けた後、山下は「どんな人でもそうします」と彼女自身がいった行動をとった。彼女の義理の息子が後になって話してくれたことだが、彼女は救急隊員に面倒かけたことを謝り、先に助けなければならない人はいなかったのかと尋ねたという。燃え上がるビル、水に沈んだ沿岸の町、損壊した道路、いつ不安定な状態に陥るともしれない原子力発電所。日本の記録史上最悪の爪痕だ。だが、これほど最悪の状況ですら、他人を気遣うという、日本人に深く根付いた国民性にはほ

とんど影響がなかった。（以下略）

ニューヨークタイムズは、

日本人に心を寄せて、そして賞賛を！

のタイトルで、

「私たちは今日、みんなが日本に心を寄せている。恐ろしい地震が日本で起こったのだ。これは日本の地震計測史上最悪の地震だった。しかし、ニューヨークタイムズの東京支局長として日本に住み、１９９５年当時、神戸の地震（６０００人以上死亡）で多くの人たちが亡くなり、30万人以上が家を失った」と報道した経験をもつ私は、こういわなければならない。この数日、この数週間の日本をみていう。「私たちは、ここでもまた日本から学べるはずだ」と。

私がいっているのは、日本政府の地震対策の上手さのことではない。１９９５年の地震の際、日本政府は救援の取り組み方を誤った。政府の規制機構は、他国から送られてきたタイレノール（アメリカで売られている解熱、鎮痛剤）や捜索犬を押収してしまったのだ。地震直後の混乱の数日、まだ瓦礫の下には生存者がいたが、日本政府の無能ぶりのために、死ぬ必要のないのに死んだ人もいた。だが、日本の人たちとなると、その忍耐、禁欲ぶり、秩序といったら、まさに高貴であった。よくつかわれる日本語に〔我慢〕という言葉がある。これに相当する英語はないが、「toughing it out（がんばり抜く）」が多少近い。神戸の人々の行動は、まさにこの我慢だった。勇気をもち、団結し、みんなが共通の困難を克服し目標に向かう決意を抱いていた。私たちは、これに畏敬の念を抱いた。（中略）日本の復興力と忍耐のなかに、私は高潔さと勇気をみる。そして、これから（東日本大震災で）、今度はみなさんがそれを目にすることになる。そう、日本の社会基盤、その強靭さ、復興力がきつく結びあって輝くときをみることになるのだ。そして、これは直観だが、おおかたの日本人が一丸となって復興に取り組むだろう。ウィスコンシンからワシントンに至るまで、対立し言い争って同胞が食い合うアメリカの政治モデルとは対照的に。たぶん、私たちはもう少しぐらい日本から学べてもいい。私たちは日本に心を寄せ、この悲劇的大地震にあたって心からお悔やみをいう。だが、同時に深い賞賛もまた彼らに送ることになるのだ。

こうした日本への賛辞はマスメディアだけでなく、世界中のブログやソーシャルネットワークサービスにもたくさんの書き込みが殺到しました。「日本には最も困難な試練に立ち向かうことを可能にする〔人間の連帯〕がいまも存在している」「日本人がこうした状況下でアメリカのように略奪や暴動を起こさず、相互に助け合うことは全世界でも少ない独特の国民性であり、社会の強固さだ」「日本人には決してあきらめないという意味の〔不屈の精神〕がある。〔粘り強さと忍耐と希望〕を映すこの精神により、日本が東日本大震災による試練を乗り越える」「難局に対して日本国民は強靭さを示し、礼節を保って互いに助け合っている」「怒鳴り合いもけんかもない」「本当に強い国だけがこうした対応ができる」「日本人という国民は、抱えきれない不安と恐怖のなかでも、恐ろしいほど冷静で倫理的な行動をとり、子どもから大人まで社会全体が助け合いの美徳に満ちている」「日本人の民度に中国人が追い付くには100年かかる」などなど。

日本人の資質について決定的だったのは、

津波で流失した5700個もの金庫が警察に届けられ23億円が持ち主に返された。

ということでした。欧米のメディアは日本人の真面目さにあきれ、驚きを隠しませんでした。イギリスの新聞ディリー・メディアは「イギリスが略奪に頭を抱えているさなか、日本人の誠実さが証明された」と自己批判しながら絶賛しました。さらにアメリカのオンラインニュースサイトも「災害の後は略奪がつきものだが、日本ではその逆のことが起きている」と報じました。日本人がこれほど世界中から手放しで賛辞を受けたことは歴史上初めてです。

世界を感嘆せしめた日本人の資質と礼節の素晴らしさ。それをあまり自覚していていないのも日本人です。手放しの賞賛を伝え聞いた日本人のなかには、その加熱気味の報道にくすぐったいような、面映ゆいような変な気持ちで受け止めた方も多かったでしょう。避難所ではきちんと並んだほうが給食を配る効率がよいし、そのほうが混乱せずかえって合理的であり気持ちがいいことを皆知っているからであり、そんなときに騒いだり、押し合いへし合いしたりすることは、情けなく恥ずかしい行為だからです。そして、それが日本人にとってはごく当たり前の思考であり、行動であり、普通の日本人誰もがもっている美学ですが、でもそれは、世界中どこにでもあるような資質ではなく、世界ではきわめてまれな日本人特有の徳性なのです。

それを日本人が自覚していないがゆえに、外連味《けれんみ》なく振る舞うことができるのです。

私はこれまでロシア、中国、イラン、インド、パキスタン、インドネシア、アメリカ、ペルー、チリなど、40年以上内外の災害現場を回ってきました。災害直後という極限状態に陥った国とその国の人間は、まとっていた虚飾をかなぐり捨て、生の姿に豹変し、本質・本性がむき出しになります。たとえば、２００５年のハリケーンカトリーナ災害時に起きたニューオリンズでの凄まじい集団略奪です。どさくさにまぎれて盗んだ略奪品を喜々としてパトカーに運ぶ警察官たちに言葉を失いました。また、ペルーでは無人の家から5～6人で金庫を運び出していましたが、後で聞いてみると、彼らは都会からやってきた武装した強盗団で、へたに咎めると命を失うことが多いとのことでした。

そして、パキスタン北部地震の被災地で目撃した救援物資輸送トラックを襲う人々。時には救援物資を届けに来た慈善団体の人たちが殺され、物資を奪われたこともあります。ボランティアも命がけでした。配布された救援物資を他の被災者が襲って奪う浅ましくも哀しい現実。海外で救援物資配布時に被災者が整列するのは、多くが機関銃を構えた武装警官がいるときだけでした。こうした現場に行くたびに、私は「日本人ほど素晴らしい国民はいない」「自分が日本人で良かった」と心底思わずにはいられませんでした。

4 モラル（倫理）だけではない美徳

縄文時代の昔から日本には助け合いの精神が根付いていました。江戸から明治にかけて日本を訪れた外国人は、この東洋の小さな島国に住む人々が他のアジアや欧米の国々でさえ持ち合わせていない、高尚な文化を庶民の一人ひとりがもつ、優れた民族としての尊厳を評価していました。黒船で脅迫的に開国させたアメリカが送り込んだ初代駐日公使タウンゼント・ハリスは安政4年（1857年）11月江戸入りしたときのことを日記に書いています。

私は質素と正直の黄金時代を、いずれの国におけるよりも多く日本において見出す。生命と財産の安全、全般の人々の質素と満足とは、現在の日本の顕著な姿であるように思われる。

明治11年（1878年）に日本人通訳1人を連れ、東北地方から北海道、その後関西地方を回った女性旅行家イザベラ・バードは奈良県の三輪で、3人の車夫から自分たちを伊勢の旅に雇ってほしいと懇請される。そこで、バードは身体の弱そうな1人を除いて雇おうというと「この男は家族が多いうえに貧乏だ。自分たちが彼の分まで頑張るから」との言葉に感動し3人とも雇うことにしたのだ。このように街中でも思いやりと助け合いが弱者を守っていたのである。これなら物質的に貧しくとも、欧米のスラムにあるような孤独、絶望という不幸とは無縁で暮らせるだろう。

と書いています。

明治維新の前後に、二度ほど日本を訪れたイギリス人W・G・ディクソンは、私は日本旅行のすべてにおいて、男同士言い争ったりしているのを見たことがない。また、中国では毎日お目にかかる名物、つまり女同士が口論したり、たがいに口汚いことばを投げつけあったりしているのも一度も見たことがない。

と、体験を記しました。

明治7年（1874年）から一年間、東京外国語学校でロシア語を教えたレフ・イリイッチ・メーチニコフも同じような体験を記しました。

この国では、どんなに貧しく疲れ切った人足でも、礼儀作法のきまりからはずれることは決してない。……私は江戸のもっとも人口の密集した庶民的街区に二年間住んでいたにも関わらず口論しあっている日本人の姿をついぞ見かけたことがなかった（中略）。口論やけんかは、利害の対立から生ずる。思いやりと助け合いに満ちた共同体では、各自が自己主張を自制するので、利害の対立は少なく、その結果人々は互いに争うこともほとんどないのであろう。

東京帝国大学の外国人教師となったバジル・ホール・チェンバレンも、

この国はあらゆる階級は社会的に比較的平等である。

といい、さらに

金持ちは高ぶらず、貧乏人は卑下しない、ほんものの平等精神、われわれは皆同じ人間だと心から信ずる心が、社会の隅々まで浸透しているのである。

との文章を残しています。

日本人はこうした賛辞に相しい行動が取れる国民です。皆がさらに立ち位置を考え、災害時だけでなく平常時にこそ「助けられる人から、助ける人に」なれば、もっともっと素晴らしい国になれると思います。

第6章

欧米の近隣自治組織

中国や日本だけでなく、欧米にも「近隣組織」や「地域共同体」が存在しています。

1　イギリスの近隣自治組織

イギリス（イングランド）の農村部と都市部の一部では、近隣自治機構「パリッシュ（Parish）」（行政教区ともいう）があります。パリッシュは基礎自治体「ディストリクト（District）」の下位組織として、地区住民の意思に基づいて設立されます。法律で定められた規定に基づいて設立され、課税権や一定の行政権を有する広い意味での自治体の位置づけですが、設置は任意であって必ずしも義務づけられているものでもありません。ごく小さなパリッシュでは直接民主制ですが、一般的に住民の直接選挙によって決まる議員（無給・名誉職）によって構成されるパリッシュ議会を置くものと、パリッシュ総会（住民総会）によるものとがあります。教区や街区ごとに大小さまざまなパリッシュがありますが、近年は合併が進められ、それぞれの規模が大きくなってきた地区もあります。主な業務は住民の日常生活に密着した公共サービスの提供ですが、地域開発の案件に対して住民の意見をまとめ、自治体に伝達したり、意見具申、同意したりするなどの役割もあります。なお、大都市のほとんどにはパリッシュがないため、近年バーミンガム市などの市会議員選挙区単位に地区委員会「Ward Committee」を設けるところも現れています。

パリッシュはもともと教会の教区から始まり、1894年に地方自治法によって準地方自治体としての性格も賦与されるようになります。農村の住民を大地主や教会牧師の支配から解放しようとして生まれたともいわれます。数千人から数百人規模で、2002年現在、8500のパリッシュが存在し、そのうち500人以下が47パーセント、5000人以上が44パーセントとなっています。パリッシュは独自の「パリッシュプラン」を策定することができ、5年～10年の町の将来像を描き、地域コミュニティにかかわる社会、環境、経済的問題を地域でプランニングしています。パリッシュの代表的活動としては、独自の事務局をもち、遊歩道の整備、街路照明の維持管理、墓地・火葬場の管理、コミュニティホールの提供、公衆浴場やプールの管理、宝くじの運営などがあります。そのほかにも自治体が建築許可や開発許可を出すときは当該地区のパリッシュと事前協議を行うことが定められているため、地域開発などの自治的権限もパリッシュはもっていることになります。さらに、パリッシュは地方税を課す権限もあります。徴収は上位の自治体にその税とあわせて徴収してもらいます。

2　ドイツの住民組織

ドイツには、自治体内下位区分（kommunale Untergliederung）と呼ばれる住民代表組織（近隣政府）があります。連邦を構成するそれぞれの州法に基づき、自治体「ゲマインデ（Gemeinde）」の決定により設立されます。州によってさまざまな形態がありますが、一般的にはあらゆる分野の自治体行政について地域の総意を表明し、自治体当局に伝達する機能を果たしています。イギリスのパリッシュと同じように、都市計画など限られた分野において自治体行政を拘束できる権限と決定権を付与されているところもあります。住民代表組織は、直接選挙または間接選挙によって選ばれた議員（無給・名誉職）から構成される議会方式がとられています。自治体（ゲマインデ）の合併に近隣政府が創設された地域が多く、合併によって議員定数が削減された地区のニーズや要望を集約し、行政機関に伝達して諸施策に反映させる役割があります。

ドイツは消費税20パーセントの国です。そのこともあってか、公共サービスはすべて行政の責任という認識です。日本のように、地域と行政が協力して、などということはありません。ですから住民代表組織メンバーの主な役割は、住民の意見やニーズを吸い上げ、住民、地域の代表として公共サービスの内容や質の向上などを行政に要求することのようです。

3　フランスの住民組織

フランスの近隣住区評議会「コンセイユ・デ・カルティィエ（conseil de quartier）」は、中規模以上の都市に設置義務が課せられている新しい組織形態です。もともとフランスの市町村「コミューン（commune）」は小規模のものが多く、コミューン自体が住民自治組織と重なっているため、中規模以上の都市に「近隣住区評議会」がつくられるようになりました。この評議会はドイツの住民代表組織のように行政施策に対する住民の意見、評価、提案を市当局に伝えることを主な業務としています。コミューンのほうが隣保組織といえると思います。コミューンとはフランス語で「共通」「共同」「共有」「多数」「一般」「庶民」などを意味する言葉で、英語のコモン（common）に当たります。フランスには、日本における行政上の市町村の区別はなく、人口80万人のマルセイユも人口200人のカマンベールもコミューンと呼ばれます。コミューンには議会と市長が置かれ、議員は住民の直接選挙で選ばれます。

人口は日本の約半分のフランスに、日本の市町村に当たるコミューンが3万8000あるように、一つひとつのコミューンの規模はきわめて小さいものです。コミューンの平均人口は約1500人で、その約90パーセントが人口200人未満です。もともとは教区から共産党の組織における共同生活体に発展し、今日に至っているといわれています。

4　アメリカのコミュニティ

アメリカにおける住民組織に「ネイバーフッド（Neighborhood）」があります。ネイバーフッドの定義は「そこに住んでいる人がお互いに顔のわかる程度の範囲」、または「長い年月をかけて自然に集落が形成された地区」とされています。一言でいうと、「ご近所さん」ですが、ある地域に居住する住民ボランティアによる私的組織といえると思います。日本における自治会・町内会に似ていて、会費も年25ドル（約2000円）程度で、多くは会議費、イベント運営費、広報紙等の費用に使われています。

ニューヨーク州のホワイト・プレーンズ市は人口5万7000人の比較的富裕層が住む町で、マンハッタンから約40キロメートル北に位置する26キロ平方メートルの中堅都市です。ホワイト・プレーンズ市には28のネイバーフッド協議会が存在します。区域の設定は住民が自発的に行った住民ボランティア組織ですが、一部は市が設定した地区もあります。ネイバーフッド協議会の目的は、各区域の生活の質の維持および向上、住宅、ゴミ、道路、交通問題（渋滞とスピード違反）、治安にかかわる問題についても、住民の意見をまとめ、市役所に対し提言を行うことです。そのほかに地域の美化運動や親睦活動（ピクニック、ハロウィン・パレード）等を実施しています。ホワイト・プレーンズ市のネイバーフッド協議会の一つ、ローズデール協議会はその目的を次のように提示しています。

①ホワイト・プレーン市の福祉とローズデールの利益の向上

②ローズデールの不動産および住環境に決定的な影響力をもつゾーニング規制や法律改正のための活動

③ホワイト・プレーン市を働きやすく住みやすい場所にすること

④前各号に掲げる共通の目的のため、市政府および他の市民団体と協調すること

ローズデール協議会が毎年行っている年次総会は、公立高校のミーティングルームで午後7時から開かれ、約30名の会員が参加しました。市役所の都市計画局局長が現在市の取り組んでいる開発計画について説明すると、出席者から「その開発で地域にどんな影響が出るのか」等の質問や、「あの信号の設置方法がおかしいから直してほしい」など、出された意見に対して市の職員が答えるという図式です。ネイバーフッド協議会はほぼ全米に組織され、それぞれが規約をもち理事会（会長、副会長、書記、会計）、常任委員会（指名委員会、プログラム委員会、メンバーシップ委員会、ルール委員会）で運営されています。毎月曜日に月例会議が開かれ、そのつど市幹部、教育長、連邦下院議員等を招いてミーティングを行っています。市長や州知事選挙前になると、候補者を招いて政策を聞くこともあるそうですが、市役所との関係は比較的希薄で密接にならな

いように心がけているそうです。そうしないといいたいことがいえなくなる、とのことでした。

参考および引用させていただいた資料

吉田太一「孤立死―あなたは大丈夫ですか？」（扶桑社）
橘木俊詔「無縁社会の正体―血縁・地縁・社縁はいかに崩壊したか」（PHP研究所）
NHK「無縁社会プロジェクト」取材班「無縁社会―〝無縁死〟三万二千人の衝撃」（文藝春秋）
藤森克彦「単身急増社会の衝撃」（日本経済新聞出版社）
NHKクローズアップ現代取材班「助けてと言えない―いま30代に何が」（文藝春秋）
内村鑑三「代表的日本人」鈴木範久訳（岩波書店）
松久保博章「五保制度―中国農村における公的扶助制度」（海外社会保障研究134号）
煎本増夫「五人組と近世村落―連帯責任制の歴史」（雄山閣）
内山節「共同体の基礎理論―自然と人間の基層から」（農山漁村文化協会）
内山節「「創造的である」ということ〈下〉―地域の作法から」（農山漁村文化協会）
銭廣雅之「「地域」の哲学―生の循環」（北樹出版）
小滝敏之「市民社会と近隣自治―小さな自治から大きな未来へ」（公人社）
高松平藏「ドイツの地方都市はなぜ元気なのか―小さな街の輝くクオリティ」（学芸出版社）

坪郷實「ドイツの市民自治体―市民社会を強くする方法」（生活社）
服部圭郎「衰退を克服したアメリカ中小都市のまちづくり」（学芸出版社）
横森豊雄・久場清弘・長坂泰之「失敗に学ぶ中心市街地活性化―英国のコンパクトなまちづくりと日本の先進事例」（学芸出版社）
「アメリカの住民自治―地域住民による組織を中心に（CLAIRREPORT No.353）」（（財）自治体国際化協会ＮＹ事務所）
江波戸昭「田園調布の戦時回覧板」明治大学教養論集３２３号
江波戸昭「東京市（都）の戦時隣組回報」明治大学教養論集３４９号
「都政」21巻1～12号
「大田区史誌」４号
江波戸昭「戦時生活と隣組回覧板」（中央公論事業出版）
吉田裕「戦時下、銃後の国民生活」（新日本出版社）
山崎亮「コミュニティデザイン―人がつながるしくみをつくる」（学芸出版社）

■著者略歴

山村武彦の主なプロフィール

学生時代に遭遇した新潟地震（1964）でのボランティア活動を契機に研究所設立。現場主義（真実と教訓は現場にあり）を掲げ、地震、津波、噴火、土砂災害、テロ、事故など150カ所以上の災害現地調査実施。阪神・淡路大震災発生時は、2時間後に現地入りし救助活動や調査活動にあたる。同年科学技術庁長官賞受賞。講演、執筆など防災意識啓発に活躍中。実践的防災・危機管理対策の第一人者。

「近助の精神」「防災隣組」提唱者。

所属学会：日本災害情報学会、地域安全学会。

現職：防災システム研究所所長

主な役職（歴任を含む）

消防庁防災訓練活性化研究会委員、研究開発型企業連絡会議議長、災害時要援護者避難支援研究会委員、東京都防災隣組認定審査員など

主な著書

防災・危機管理の再点検―進化するBCP（事業継続計画）（金融財政事情研究会）、災害・防災用語事典（ぎょうせい）、目からウロコの防災新常識（ぎょうせい）、感染弱者のための新型インフルエンザ対策（アニカ）、防災格言（ぎょうせい）、企業防災・危機管理マニュアルのつくり方（金融財政事情研究会）、人は皆自分だけは死なないと思っている（宝島社）など

主なメディア出演

NHK「ニュースウォッチ9」、TBS「朝ずばっ」、日本テレビ「ズームイン」、フジテレビ「めざましテレビ」「スーパーニュース」、テレビ朝日「報道ステーション」、BBCテレビ、CNNテレビ、ル・モンド、ニューヨークタイムスなど多数。

近助《きんじょ》の精神

——近くの人が近くの人を助ける防災隣組

平成24年9月12日　第1刷発行
平成27年10月7日　第3刷発行

著　者　山村　武彦
発行者　小田　　徹
印刷所　図書印刷株式会社

〒160-8520　東京都新宿区南元町19
発　行　所　一般社団法人 金融財政事情研究会
編　集　部　TEL 03(3355)2251　FAX 03(3357)7416
販　　売　株式会社 き　ん　ざ　い
販売受付　TEL 03(3358)2891　FAX 03(3358)0037
URL http://www.kinzai.jp/

ISBN978-4-322-12143-8